コンパクト版
基礎からわかる民事訴訟法

第2版

和田吉弘 ＝著

商事法務

●第2版のはしがき

本書は、初版のはしがきにも記したように、拙著の『基礎からわかる民事訴訟法』をもとに、もともとは、読者として、法律事務所の職員の方など、法曹志望ではないけれども民事訴訟法の基本的な仕組みを理解したいという方を念頭に置いて作成したものです。ところが、むしろ、法曹志望者で『基礎からわかる民事訴訟法』を読む前にざっと民事訴訟法全体を理解したい、という方にも多く利用していただいているようです。これはあまり想定していなかった状況ではありますが、多くの方に入門書として手に取っていただけたことは、うれしい限りです。

先日『基礎からわかる民事訴訟法』の第2版を出版しましたところ、コンパクト版である本書についても改訂をという声があるとのことで、この度改訂する運びとなった次第です。

ところで、これまでの間に、民法の債権法について大きな改正があったほか、民事訴訟法についても令和4年にIT化を中心とする改正がありました（同年5月25日公布）。民法の改正についてはすでに施行されていますので、これは本書でも前提としました。これに対して、民事訴訟法の改正については、原則として公布後4年の間に施行されることとされ、一部は先行して段階的に施行されることとされています。

そのため、民事訴訟法の改正については、できるだけ読者の方の誤解を避けるため、以下のように、令和5年2月20日施行の部分と同年3月1日施行の部分については本書の本文で前提とすることとし、それ以外の部分については、本文には織り込まずに、このはしがきを利用してその概要をお知らせするにとどめることとしました。

まず、令和5年2月20日施行の部分は、住所、氏名等の秘匿制度ですが（133条から133条の4等）、本書の入門書としての性格上これ自体は扱わず、この制度導入に伴い訴え提起の方法についての133条が134条とされたことを前提とするのみとしました。また、同年3月1日施行の部分は、和解手続と弁論準備手続について音声の送受信による通話の方法を拡充するもので（89条2項・3項、170条3項等）、そのごく概要を本文に織り込むこととしました。

公布後2年以内に施行されるものとしては、口頭弁論期日における手続

について「裁判所及び当事者双方が映像と音声の送受信により相手の状態を相互に認識しながら通話をすることができる方法」（87条の2第1項）によることができる、という制度があります。

　公布後4年以内に施行されるという原則が適用される主なものとしては、①訴え提起などの申立てその他の申述について、インターネットを利用して裁判所のファイルに記録する方法により行うことができるという制度（132条の10以下）、②送達もインターネットを利用することができるという制度（109条の2以下）、③判決書を「電磁的記録」として電子判決書とするという制度（252条以下）などがあります。

　これらによって、民事訴訟のあり方はいずれ従来とは大きく変わることになるでしょう。ただ、申立ての方法、主張の方法、証拠調べの方法などがIT化されるとしても、民事訴訟法の基本原理や手続の流れの骨格自体が変わるわけではありません。本書で基本を十分に押さえた上で、将来の民事訴訟法の理解にもつなげていただければ、と考えています。

　第2版の作成に際しては、商事法務コンテンツ制作部の澁谷禎之さん、中崎祥子さんに細かい点についてまでご助言をいただきました。深く御礼申し上げる次第です。

2023年2月

和田　吉弘

●はしがき

　本書は、既刊の拙著『基礎からわかる民事訴訟法』（商事法務、2012 年）をもとに、読者としてより初学者の方を念頭に置いて民事訴訟法の概要をご説明したものです。

　『基礎からわかる民事訴訟法』は、読者として主に法曹志望者の方を想定して、難解とされる民事訴訟法の全体を、図表や具体例を多用したり、たとえ話を織り交ぜたりしながら、できるだけかみ砕いてご説明した本です。幸い、司法試験受験生の方が使う定番の 1 つとなるなど、広く利用していただくものとなったようです。しかし、法曹志望者ではない方で民事訴訟法の概要を知りたいと思う方にとっては、専門的すぎる説明もあるなど、理解しづらいところもあるとお聞きしました。

　確かに、民事訴訟法の制度を構成するそれぞれの手続は日常生活ではなじみのないものであるばかりか、手続どうしが複雑に絡み合っていることが多いものですから、初学者の方に民事訴訟法全体の仕組みを理解していただくのは、なかなか難しいことだと思います。

　例えば、法律事務所の職員の方にとっては、細かい事務的な手続や実務上作成する具体的な書類について説明している解説書はあるようですが、事柄の性質上どうしても表面的な説明になりがちで、残念ながら、具体的な意味の説明がないまま専門用語が多用されていたり、それぞれの手続や書類が民事訴訟全体の中でどういう意味を持つのかまでは掘り下げられていなかったりすることも多いようです。かといって、民事訴訟法学の厚い専門書では、専門家以外の方にとってはますます理解が困難になることが多いと思います。

　そこで、読者として、法律事務所の職員の方を始めとして、企業の法務部で訴訟も扱う方、法学部でまだ民事訴訟法を学習したことのない方、社会人で民事訴訟法に興味がある方など、法曹志望者ではないけれども民事訴訟法の基本的な仕組みを理解したいという方を念頭に置いた概説書を作成したい、と考えた次第です。

　そして、頭の中に民事訴訟法の仕組みの座標軸を持てるような、骨太の理解をしていただく本を作成するには、辞書のように使うものではなく、通読していただけるようなものにすることがきわめて重要である、と考えまし

た。そのために、本書では、上訴・再審の章（第16章）以降を除き、所々にクイズ的なものとして4択の選択肢問題を入れることとしました。本書では、民事訴訟法の基礎知識を一方的にお伝えするというよりも、なるべく考えていただくような形で民事訴訟法のお話をするほうが、少しでもより興味を持って通読していただけるのではないか、と考えたわけです。また、最後の「その他」の章を除き、各章の終わりには、その章のポイントについての理解を確認する確認問題（正誤問題）も掲げておきました。その章の内容について一定の理解をしていることを確認した上で次の章に進んでいただく、というためのものです。そのほか、言うまでもないことかもしれませんが、途中で挫折することのないように、専門用語が出てくるたびにできるだけ具体的な説明を加えたほか、少しでも読みやすいように、敬体（です・ます体）を使い、重要部分は太字（ゴシック）にするなどとしました。これによって、できるかぎり無味乾燥なものにならないようにできたのではないか、と思っています。なお、判例については、民事訴訟法のごく基本的な理解に欠かせないような判例に限って言及しています。

　本書を利用されるに当たっては、少なくとも上訴の前までは、ぜひ通読していただきたいと考えています。また、本書の性格上、実務上の細かい手続や書式、あるいはより専門的な理論などについてご説明することはできませんでしたので、それらについてはその用途に応じた本に譲りたいと思います。

　本書により、民事訴訟法の仕組みについて、読者の皆さんの理解が立体的・有機的に進むとすれば、うれしい限りです。本書の作成に当たっては、商事法務書籍出版部の岩佐智樹さんにいろいろとご配慮いただきました。謝意を記しておきたいと思います。

2015年9月

和田　吉弘

第1章 民事訴訟法全体の概観

1 法体系における民事訴訟法の意義

(1) 民事法、手続法の意義

　まず、民事訴訟法という法律の分野が、法体系全体の中でどういう位置を占めるのか、ということを確認していただきたいと思います。次のような関係図を書いてみました。

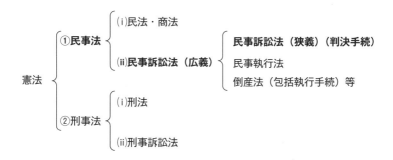

　言うまでもなく、法体系の頂点には憲法というものがあります。それが、1つの分け方では、大まかに言うと**民事法の分野と刑事法の分野**に分かれます。**民事法の分野**というのは、簡単に言えば、お金の貸し借りのトラブルのように、一般の人の間のトラブルを法律的な観点から扱うもので、犯罪になるかどうかには関わりません。これに対して、刑事法の分野というのは、犯罪と刑罰を扱うものです。ただし、国会が作った制定法で「民事法」や「刑事法」という名前の法律があるわけではありません。

　そのうちの民事法の方をさらに分けますと、**民法・商法という分野と民事訴訟法という分野**に大きく分かれます。民法・商法というのは、これも簡単に言うと、どういう場合に人は権利を有することになるのか、どういう場合にその権利が消滅することになるのか（権利の相手方から言うと、どういう場合に人は義務を負い、どういう場合にその義務が消滅するのか）、ということについて定めている法律ということになります。こういう法律はその性質から

「実体法」と呼ばれます。しかし、民法や商法で、権利があるということになっても、相手方である義務者がその義務を果たさなければ、絵に描いた餅ということになりますから、その**権利の内容を実現する必要**があります。

　例えば、ある人が別の人に100万円を貸して、期限が来ても返してもらえないのであれば、民法上、貸した人には、借りた人に対して「100万円を返せ」と言える権利が生じることになります。しかし、「100万円を返せ」という権利があるといっても、相手方が返してくれないままでは意味がありませんから、本当にそういう権利があるかどうかを公的に確認した上で、借りた人から実際にその分のお金を強制的に取り上げる、という手続が必要となってくるわけです。その手続について定めている法律が、民事訴訟法ということになります。民事訴訟法は、その性質から実体法に対して「**手続法**」と呼ばれます。

　同じようなことは、刑事法についても言えるわけです。どういうことをすると犯罪が成立するのかとか、犯罪が成立した場合にどの程度の刑罰が科されるのかということについて定めているのが刑法です。しかし、やはり、そういう定めがあるというだけで済むわけではなく、それに合うように現実を動かす手続というのが必要となります。つまり、犯罪を犯したと思われる人を捕まえてきて裁判にかけ審理して判断を下す、という手続について定めた手続法が必要となってくるわけです。それが刑事訴訟法です。ですから、刑事法の方では、刑法が実体法で、刑事訴訟法が手続法ということになります。

(2)　広義の民事訴訟法と狭義の民事訴訟法

　広い意味の民事訴訟法は、さらにいくつかに分かれます。

　1つ目が、狭い意味の民事訴訟法で、これが「**判決手続**」と呼ばれる分野です。これは、**訴えを起こしてから判決が確定するまでの手続**ということになります。判決の確定の意味については、後でお話しします（5頁）。

　2つ目が、**民事執行法**の分野です。原告が、原告勝訴の判決を得られたとしても、相手方が従わなければ、それだけでは、例えば先ほどの例の原告の手元には100万円が来ません。原告勝訴の判決が出たということは、原告に「100万円を返せ」という権利があるということを裁判所に公的に認めてもらったということだけですから、そのままではただの紙切れということになりかねません。そこで、その判決に基づいて、強制執行するという手続

が必要になってくるわけです。その手続について定めているのが、民事執行法です。

さらに、それらと少し違って、債務者の総財産を対象に総債権者のために手続を行うというのが、**倒産法**の分野ということになります。債務者というのは、簡単に言えばお金を支払わなければならない義務を負っている人で、債権者というのは、お金の支払を請求できる権利を持っている人ということです。倒産法の分野は、包括執行手続の分野とも言われます。倒産法も分野の名前にすぎず、国会が制定した法律の名前ではありません。

なお、ほかに、判決手続と民事執行手続とを合わせた簡易版のようなものとして、民事保全法の分野もありますし、そのほかにも特殊な分野がありますが、ここでは立ち入らないことにします。

(3) 具体例

さて、ここで、確認を兼ねて、次のような選択肢問題を考えていただこうと思います。この本では、いろいろな選択肢問題を用意してありますが、どの選択肢が正解かということだけではなく、他の選択肢はなぜ正解にならないのか、ということまで考えていただきたいと思います。

＜選択肢問題1＞

ある人（A）が、別の人（B）に100万円を貸したが、期限が来てもBが返さない。AはBに対してどうしたらよいか。次のうち、最も適当なものはどれか。

1　Bを脅して払わせる。
2　100万円の代わりに、Bの家の前のバイクを無断で持ってくる。
3　警察に告訴してBを逮捕してもらい、警察署で返済について話し合う。
4　Bを被告として貸金返還請求の訴えを起こす。

A

AがBに100万円を貸した。

→ 期限が来ても、Bが返さない。

（※ AのBに対する矢印は、ここではAがB
に対して権利を持っていることを表す。）

B

　もちろん、正解は4です。

　選択肢の1はどうしてだめかというと、恐喝罪になってしまいます。刑法では、権利があっても、社会通念上認められない方法でお金を取り立てることは犯罪になりうると考えられています。程度によっては強盗罪になる可能性もあります。選択肢の2は、窃盗罪になってしまいます。1や2のような、自分だけで勝手に権利を実現してしまう行為は、「**自力救済**」（法律家は普通「じりききゅうさい」と読みます。）と呼ばれ、法律上、基本的に禁止されています。

　選択肢の3は、詐欺になるような場合以外は、民事不介入の原則ということで警察は動きません。警察は、犯罪にならない民事のトラブルには介入しないということです。お金を返してくれないというだけでは、民法上の義務を果たしていないことにすぎないのです。もし、Bさんがお金を借りるときに、全く返すつもりもないのに「必ず返すよ。」などと嘘を言って、Aさんにお金を交付させたということであれば、詐欺罪ということになりますから、警察は動きますが、そういう場合でなければ、警察は動きません。なお、「告訴」というのは、被害者が犯人の処罰を求めるという刑事訴訟法上の用語で、検察官が容疑者を裁判にかけるという「起訴」とは意味が違います。

　そして、選択肢の4が正解ということになります。4に「貸金返還請求」とありますが、「貸金請求」と言うこともあります。普通は、訴えを起こす前に、電話や内容証明郵便などで支払を催促すると思いますが、4つの選択肢の中では4が最も適当であるということになるわけです。

2　訴え提起後の手続

　では、**訴えを起こした後、手続はどうなるのでしょうか**。次のような左右の

図を書いてみました。右の図の「判決手続」というのは、左の図で訴え提起からどこかの段階で判決が確定するまでの全部を指すことになります。

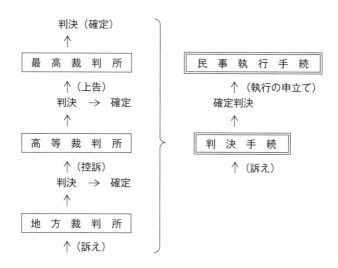

　まず、140万円以下の訴えについては簡易裁判所に訴えを起こすことになっていますが、140万円を超える金額を請求する訴えの場合には、地方裁判所に訴えを起こすことになっています。そこで、ここでは、手続の原則の形として、地方裁判所に訴えを起こす場合を考えます。

　例えば、Aさんが、Bさんに対して、200万円を請求する訴えを東京地方裁判所に起こしますと、裁判所は、本当に貸したかどうか、すでに弁済されていないかどうか、というようなことを審理して、AさんがBさんに200万円返せという権利があるということになれば、「Bは、Aに対して、200万円を支払え。」という判決をしてくれるわけです。もし、Aさんにそのような権利がないと判断されれば、「原告の請求を棄却する。」という判決がされることになります。

　そのような地方裁判所の判決に対しては、それに不服のある当事者が2週間以内に「**控訴**」をすると、高等裁判所で再度審理判断してもらうことができます。2週間以内に控訴がないと、地方裁判所の判決は「確定」して、再審という手続以外では、その判断をもはや動かせないということになります。確定した判決は「**確定判決**」と呼ばれます。控訴がなされ、高等裁判所の判決が出た場合、それに不服のある当事者が2週間以内に「**上告**」をする

ことによって、さらに最高裁判所で審理判断してもらうこともありえますが、現行の民事訴訟法では、上告ができる場合がかなり狭くなっています。上告をしなければ、あるいはできなければ、高等裁判所の判決が確定することになります。そして、最高裁で審理された場合でも、最高裁が判決を言い渡せば、**3審制**ということでそれより上の裁判所はありませんから、言渡しとともに判決は確定するということになります。なお、140万円以下の訴えで簡易裁判所に訴えが提起された場合には、**控訴審**（第2審）が地方裁判所、**上告審**（第3審）が高等裁判所となります。判決が確定すると、判決手続は終了するわけです。

　そして、判決が確定し、その内容が再審の手続以外では動かせないという状態になった場合には、その判決がAさんの権利を認める判決であれば、Aさんは、裁判所あるいは執行官と言われる人に対して改めて強制執行の申立てをして、Bさんの財産を差し押さえてもらうことができます。その上で、差し押さえられた財産は、競売で一番高い価格を付けた人に買ってもらうなどして、金銭化されて、Aさんにお金が渡されることになります。このような手続が民事執行手続です。

　このようにして、最終的に、Aさんは貸した200万円を回収することができる、ということになるわけです。

3　第1審手続の流れ

　次に、今見た手続のうち、第1審である地方裁判所の手続の流れだけをもう少し細かく見ておきたいと思います。つまり、例えば東京地方裁判所に**訴えを提起した場合に、判決が下されるまでどのような手続の流れになるのか、**という話です。ここでは、手続の節目を時系列で表してみました。

まず、訴えを起こすには、**訴状を裁判所に提出**しなければなりません（上の図の①）。訴状に何を書くのかというのは、法律上決まっていて、それについては後述します（26頁）。訴状が提出されると、裁判所では**訴状審査**が行われます（②）。訴状に法律上必要なことが書いてあるのかどうか、手数料である印紙が貼ってあるのかどうか、ということが審査されます。その審査でOKということになれば、裁判所は、訴状を被告とされる人に**送達**します（③）。「送達」というのは、書類を民事訴訟法上決められた方式で相手方に届けることを言います。なお、刑事訴訟法では、被告のことは「被告人」と呼ばれますが、民事訴訟法では「被告人」という言葉は使わずに、「被告」と呼ばれますので、注意が必要です。

そして、裁判所は、原告、被告の双方に裁判所に来てもらって法廷を開いて審理しなければなりませんから、一定の日時を決めて呼び出すということになります（③）。被告には、訴状とともに呼出状を送ります。

裁判所が原告や被告を呼んで法廷を開くことは、民事訴訟法では「**口頭弁論**」と呼ばれ、最初の口頭弁論が第1回口頭弁論です（④）。口頭弁論に相当するものは、刑事訴訟法では「公判」と呼ばれますので、ここでも用語の違いに注意が必要です。口頭弁論（④）では、**両当事者に言い分を主張してもらい証拠も提出してもらって、裁判所による審理が行われる**ことになるわけですが、具体的にどのように審理が行われるかは、少し複雑な話になりますから、「民事訴訟における審理の仕組み」として、項を改めて後述することにします。

多くの場合には第1回だけでは十分な審理ができませんので、口頭弁論が複数回行われることになります。東京地方裁判所の場合、訴訟がたくさんありますから、1つの訴訟の口頭弁論は月1回程度の頻度で行われることになります。

口頭弁論を繰り返し開いて、審理が尽くされたという段階になれば、裁判所は**口頭弁論の終結を宣言**します（⑤）。口頭弁論を終結するというのは、もうこれ以上法廷で審理をしません、ということです。ですから、両当事者としては、口頭弁論の終結までに、自分の言いたい主張や提出したい証拠は全部出しておかないといけない、ということになります。

裁判官は、口頭弁論の終結の後は、それまでに出された主張や証拠に基づいて判決書を作成して、最終的に**判決の言渡し**をします（⑥）。判決の言渡しも、法廷を開いて行いますから、広い意味では口頭弁論ということになりますが、当事者が判断資料を提出できるという意味での口頭弁論ではありませ

ん。

　判決が言い渡された後は、判決書は当事者に送達されます（⑦）。そして、先ほどお話ししたように、負けた側がもう一度審理してほしいということであれば、2週間以内に控訴すれば第2審が始まりますし、控訴がなければ1審判決が確定する（⑧）、という話になります。

　以上が、第1審手続全体の大体の流れということになるわけです。

4　民事訴訟における審理の仕組み

　民事訴訟では、口頭弁論という場で審理が行われます。そこでは**どのような仕組みで審理が行われ裁判所の判断が行われるのか**も、ここで簡単に見ておくことにしましょう。ここでのキー・ワードは、①**権利**、②**事実**、③**証拠**です。

　例えば、AさんがBさんに対して貸金返還請求の訴えを提起したという場合を考えると、裁判官は何の根拠もなく原告であるAさんの言うことを信用することはできません。そもそも、Aさんが主張する貸金返還請求権という「権利」というのは、頭の中で考えた観念的なものですから、目に見えるものではなく、直接認識できるものではありません。そこで、裁判官は、Aさんに対して、Aさんに「権利」があると判断することができるような、何らかの手がかりを要求することになります。

　そこで、Aさんは、そうした「権利」があるという言い分が正当であることの理由づけとして、金銭の貸し借りの契約（消費貸借契約）を被告との間で締結したという「事実」を主張することになります。民法上、そのような契約締結の「事実」があれば、貸金返還請求権が発生することになっているからです。

　しかし、その契約の締結行為である「借ります。」「貸します。」という意

思表示や金銭を渡す行為というのは、裁判所外の過去の「事実」ですから、それも、やはり裁判官が目で見ることはできず、直接認識することはできません。したがって、そういう契約の締結があったと主張されても、それだけでは本当にそうだったかは判断できないわけです。そのため、被告であるＢさんがその「事実」があったということを認めない限り、Ａさんは、主張した「事実」の裏付けとなるもの、つまり「その事実の痕跡で裁判官が現在確認することのできるもの」を提出することが必要となります。それが「証拠」で、Ａさんは、例えば、そのような契約を示す契約書があれば、それを「証拠」として提出することになるわけです。そのような「証拠」があれば、それは法廷に現にあるもので目に見えるものですから、裁判官は、そうした直接認識できるものを手がかりにして判断することができるわけです。

　このように、当事者（この場合は原告Ａ）は、自己の「権利」を裁判所に認めてもらうために、

⑴　**実体法上権利が発生するとされるのに必要な「事実」の主張**と
⑵　**その「事実」があったことを裏付ける「証拠」の提出**

をすることになります。

　そこで、裁判官としては、そのような「事実」の主張とそのような「証拠」の提出があるのかを判断して、原告に権利があるかどうかについての結論を出すことになるわけです。

　なお、いったん発生した権利がその後消滅したかどうかについても、同じように権利と事実と証拠の３つのレベルが問題となります。例えば、被告が、貸金返還請求権という権利がすでに消滅した理由として、借りたお金は返した（弁済）という過去の事実を主張することが考えられますが、その場合に、もしその事実を原告が否認すれば、被告は、裁判官が目で見て判断できるように証拠として例えば領収書を提出する、ということが考えられるわけです。

　以上が、民事訴訟における審理の基本的な仕組みです。

5　確認問題（正誤問題）

　まとめとして、確認問題（正誤問題）を掲げておきます。

1 　民事訴訟法を手続法と呼ぶ場合、それに対して、民法や商法は実体法と呼ばれる。
2 　狭義の民事訴訟法は、訴えが提起されてから第1審判決が言い渡されるまでの手続を対象とする。
3 　訴状が提出された場合、裁判所は、その段階ではとくに審査することなく、それをそのまま被告に送達する。
4 　民事訴訟では、基本的に、原告が、自ら主張する権利を発生させるに足りる事実を主張しなければならず、その事実を被告が認めない以上は、その事実の裏付けになる証拠も提出する必要がある。

　1は、○です。なお、「実定法」は、社会で実効的に行われている法のことで、自然法に対する概念ですから、「実体法」と「実定法」とを混同しないように注意する必要があります。

　2は、×です。判決が確定するまでの手続を扱いますから、控訴審や上告審の手続も狭義の民事訴訟法の対象ということになります。

　3も、×です。送達の前に、訴状に法律上必要なことが書いてあるのかどうか、手数料である印紙が貼ってあるのかどうか、が審査されます。

　4は、○です。債務不存在確認の訴えなどのように原則的でない場合もありますが、基本的には、4のようなことが民事訴訟での審理の前提ということになります。

1　管　轄

　訴えを起こす場合に、**どの裁判所に訴えを起こしたらいいのか**、ということが問題となります。これが管轄の問題です。管轄は、事件分担の定めのことですが、裁判所の権限を意味するときは管轄権とも呼ばれます。

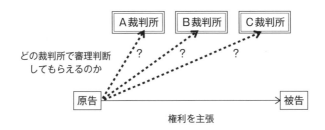

　管轄というのは、実務では非常に重要な問題です。それは、例えば、一方当事者の住所から遠く離れた地の裁判所で審理が行われるような場合には、その当事者が時間と費用をかけて出頭するのが実際上困難なことになりますので、相手方の主張を争うのをあきらめたり、不利な和解を甘受しなければならないようなことがありうるからです。もし管轄のルールに反して訴えが提起された場合には、裁判所が、ルールに合うようにその訴訟を別の裁判所に移送します（民事訴訟法16条1項。以下、条文のみを挙げたものは民事訴訟法上の条文を指すものとします）。なお、訴えが提起された裁判所に管轄があるかどうかは、訴え提起の時が基準になるとされています（15条）から、訴訟の途中で管轄がなくなることを心配する必要はありません。

　ここでは、次の選択肢問題を考えていただきながら、管轄のルールの基本についてご説明したいと思います。

＜選択肢問題2＞
　Aは、東京都港区にあるB会社に勤務している。ある日、Aは、B会社の車に乗って得意先を回っている途中、さいたま市内で誤ってC（千

葉市在住）をはねてしまい、Cは重傷を負った。Cが、もしB会社に対
して損害賠償請求の訴えを提起することにした場合、どの地の何裁判所
に訴えを提起することができるか。次のうち、最も適当なものはどれか。
1　東京地方裁判所のみ。
2　東京簡易裁判所のみ。
3　東京地方裁判所とさいたま地方裁判所のいずれか。
4　東京地方裁判所とさいたま地方裁判所と千葉地方裁判所のいずれか。

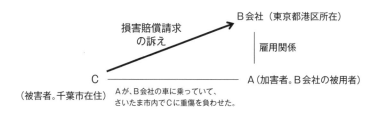

　人に怪我をさせたり人の物を壊したりするなど、故意または過失によって
人の権利を侵害した場合には、**不法行為**として損害賠償をする責任が生じま
す（民法709条）。上の事例のような事故の場合も、Aさんが誤ってCさん
に怪我をさせてしまった以上、AさんにはCさんに対して損害賠償責任が生
じますが、B会社にも損害賠償責任があることが多いでしょう（不法行為責
任の特則として使用者責任や運行供用者責任と呼ばれますが、民法の問題ですの
で詳細は省略します）。そこで、Cさんが、資力のあるB会社に対して損害賠
償請求の訴えを提起する、ということが考えられます。以下、その場合につ
いての管轄を中心に見ていきます。

(1)　事物管轄
　損害賠償請求の訴えを提起する場合、まず、裁判所の種類として、簡易裁
判所が審理するのか、それとも地方裁判所が審理するのか、という問題があ
ります。このように、第1審の手続を簡易裁判所と地方裁判所のうちのど
ちらの裁判所が担当するのかという区分けを、**事物管轄**の問題と言います。
これについては裁判所法という法律の規定があり、先ほどご説明したよう
に、**140万円以下の訴えについては簡易裁判所が担当し、140万円を超える訴え
については地方裁判所が担当する**、ということになっています（同法24条1
号、33条1項1号。ただし、140万円以下の「不動産」に関する訴訟については、

簡易裁判所も地方裁判所も管轄を有することになります)。

　上の事例では、重傷を負ったとされていますので、普通は140万円を超える金額を請求することになると思われます。そう考えると、簡易裁判所にではなく地方裁判所に訴えを提起すべきだということになるでしょう。

　なお、このような「訴訟の目的の価額」は、**訴額**と呼ばれ、「**訴えで主張する利益によって算定する**」ものとされますが（民事訴訟法8条1項）、算定できないときや極めて困難なときは、140万円を超えるものとみなされます（同条2項）。

(2)　土地管轄

　次に、地方裁判所といっても全国各地にいろいろな裁判所がありますから、どの地の地方裁判所が担当するのか、ということが問題になります。これは、**土地管轄**の問題と呼ばれます。

ア　普通裁判籍

　土地管轄については、**原則として、被告の住所地の裁判所が管轄を持つ**とされています（4条1項・2項）。これは、民事訴訟法における土地管轄の大原則です。住所などのように、土地管轄の基準となる地点を示すものは裁判籍と呼ばれ、住所のように原則的なものは「**普通裁判籍**」と呼ばれています。

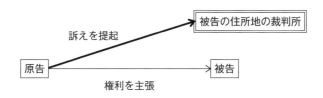

　なぜ被告の住所地の裁判所が原則として管轄を有することになっているのかというと、それが公平だからです。つまり、訴訟は相手方と争ういわば喧嘩のようなもので、相手方としてはいやいや付き合わされるものですから、争いを始めようとする原告が、相手方となる被告に対して「自分のところに来い」と言える、というのは公平ではなくて、むしろ原告を被告のところまで出向かせるのが公平だ、と考えられるのです。

　上の事例では、被告は個人ではなくB会社という会社ですので、主たる事

務所または営業所が、個人の場合の住所と同じように扱われることになります（4条4項）。したがって、東京地方裁判所には管轄があることになります。

イ　不法行為地の裁判籍

また、不法行為に関する訴えは、**不法行為があった地を管轄する裁判所にも提起することができる**ことになっています（5条9号）。これは、不法行為が行われた現場に近いので、証拠物や証人がその地に揃っていることが多いだろうという意味で、当事者の便宜を考えたものです。上の事例では、事故が起きたのはさいたま市内ということですから、さいたま地方裁判所も管轄を持つ、ということになります。したがって、Cさんは、東京地方裁判所とさいたま地方裁判所のどちらにでも訴えを提起することができるわけです。ただ、後述するように（31頁）、同じ訴えを複数提起すること（重複起訴）は、別々の裁判所に提起する場合でも禁止されています（142条）。

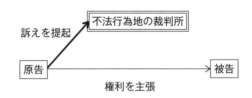

ウ　義務履行地の裁判籍

さらに、財産権上の訴えは、**義務履行地を管轄する裁判所にも提起することができる**ことになっています（5条1号）。金銭の支払義務を負う人が支払うべき場所については、民法で、債権者の現在の住所となっていますので（民法484条）、原告が金銭の支払を求めて訴えを提起する場合は、原告の住所地の裁判所にも土地管轄が認められることになります。

上の事例では、損害賠償請求というのは金銭の支払を請求するものですから、Cさんが住んでいる千葉の地方裁判所も管轄を持つことになります。したがって、Cさんは、千葉地方裁判所を選んで訴えを起こすこともできるわけです。

　以上から、選択肢問題2の正解は4ということになります。

　ただ、このように義務履行地として原告の住所地の裁判所にも訴えを提起することができるとなると、被告の住所地の裁判所に管轄が認められるという大原則の趣旨が無意味になるのではないか、という疑問があり、立法論的には問題があることになります。この点については、民法との関係をどうするかという難しい問題がありますが、現行法上、ある管轄裁判所で審理することが一定の事情で不都合であると認められる場合には、裁判所の裁量で別の管轄裁判所に移送することができることにはなっています（民事訴訟法17条）。したがって、先ほどの事例で、Cさんが千葉地方裁判所に訴えを提起した場合には、裁判所は、場合によっては、東京地方裁判所かさいたま地方裁判所に移送することもできることになります。

　　エ　併合請求の裁判籍

　ところで、上の事例では、Cさんは、B会社だけを被告にして訴えを提起しましたが、Cさんは、AさんとB会社の両方を共同被告として訴えを提起することもできます（38条。このような共同訴訟については後述します。165頁）。そのような場合を想定すると、**共同訴訟の場合、一定の制限があるものの**（後述168頁）、**1人の関係で管轄がある裁判所には他の人の分も訴えを提起することができる**、とされています（7条）。そうすると、もしAさんが例えば横浜市に住んでいるのであれば、Cさんは、AさんとB会社とを共同被告とする損害賠償請求の訴えを横浜地方裁判所に提起することもできることになります。このような場合の裁判籍は、**併合請求の裁判籍**と呼ばれます。

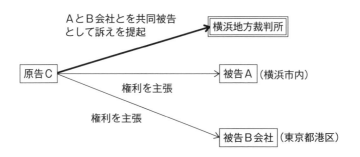

そうすると、上のようにAさんとB会社とを共同被告にした共同訴訟を想定した事案では、結局、Cさんは、東京地方裁判所、さいたま地方裁判所、千葉地方裁判所、横浜地方裁判所の4つの中から1つを選んで訴えを提起することができることになります。

オ　その他

上の選択肢問題の事例からはさらに離れますが、民事訴訟法5条には1号から15号までがあり、上記のほかにも、例えば、不動産に関する訴えは不動産の所在地を管轄する裁判所に提起することができる（12号）など、**種々の裁判籍が認められています。**

また、特許権などに関する訴えについては、審理の専門性から大都市の裁判所に集中させる合理性がありますので、**東京地方裁判所あるいは大阪地方裁判所に提起すべきであることになっています**（6条1項）。例えば、被告の住所が札幌で、普通裁判籍による管轄に従えば本来は札幌地方裁判所に訴えを提起することになる場合でも、特許権などに関する訴えであれば、東日本を管轄する東京地方裁判所に訴えを提起しなければならないことになります。

(3)　合意管轄

第1審の管轄については、当事者が合意することができます（11条）。ただし、合意できる内容には一定の制限があり、例えば第1審の管轄を最高裁判所にするような合意をすることは、認められていません（13条1項）。

なお、訴え提起までに合意があった場合の合意管轄とは違いますが、管轄のある裁判所に訴えが提起された場合でも、第1審で、当事者の申立てと相手方の同意があるときは、一定の条件の下に、申立てに従って地方裁判所または簡易裁判所に移送しなければならないことになっています（19条1項）。

(4)　応訴管轄

また、原告が訴えを提起した裁判所に管轄が認められない場合でも、**被告がその訴えに応訴したときには、応訴で管轄が生じる**ものとされています（12条）。この場合の応訴というのは、簡単に言うと、被告が「この裁判所は管轄が違う。」という主張をしないで、訴訟の中身についての自己の言い分を主張した、ということを指します。つまり、応訴管轄とは、＜管轄のない裁判所に訴えが提起された場合でも、被告が管轄違いであることを問題にしな

いまま、原告の権利の有無について争う主張をし始めたら、公平上、その裁判所で審理していいことにしてしまう＞という制度です。ただし、これについても、合意管轄についてと同じように一定の制限があり、例えば最高裁判所に訴えが提起されて被告がそれに応訴したからといっても、やはり管轄が生じるわけではありません（13条1項）。

2　広義の裁判所と狭義の裁判所

　裁判所に訴えを提起した場合でも、例えば東京地方裁判所には何百人もの裁判官がいるでしょうから、1つの訴訟についてその裁判所にいる全員の裁判官で審理判断することは困難ですし、その必要もありません。そこで、現在の制度では、地方裁判所の場合は、各訴訟について1人か3人の裁判官で審理判断することとされ（裁判所法26条。1人が原則です）、それが実際に審理判断する「裁判所」を構成することになっています。1人の裁判官による場合は一人制または単独制と呼ばれ、3人の裁判官による場合は合議制と呼ばれています。

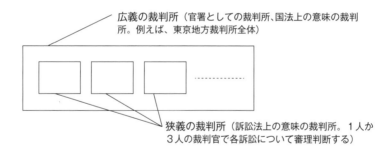

広義の裁判所（官署としての裁判所、国法上の意味の裁判所。例えば、東京地方裁判所全体）

狭義の裁判所（訴訟法上の意味の裁判所。1人か3人の裁判官で各訴訟について審理判断する）

　このように、「裁判所」には、①東京地方裁判所全体のような「**広義の裁判所**」と、②具体的な各訴訟について実際に審理判断する「**狭義の裁判所**」（地方裁判所では1人か3人で構成されます。）という、2つの意味があると考えられています。①を果物のミカンにたとえるとすると、②はそのミカンの中にある小さな袋のようなイメージになります。なお、①は「**官署としての意味の裁判所**」とか「**国法上の意味の裁判所**」とも呼ばれ、②は「**訴訟法上の意味の裁判所**」とも呼ばれます。

3 除斥、忌避

　実際に審理判断する狭義の裁判所を念頭に置いた場合、ある訴訟を担当する裁判官が、公正な裁判をすることが期待できないとして職務執行から排除されることがあります。それが除斥と忌避の制度です。

⑴ 除　斥

　除斥とは、裁判官に公正な裁判を期待できない一定の事情がある場合に、当然に職務ができないとする制度です（民事訴訟法 23 条）。その一定の事情というのは、条文上列挙されていて、例えば、「裁判官又はその配偶者若しくは配偶者であった者が、事件の当事者であるとき」（同条 1 項 1 号の前半）が典型例です。裁判官自身やその配偶者ないし元配偶者が原告とか被告になっているという場合に、その裁判官ではその訴訟について公正な裁判が期待できないのは、当然のことでしょう。「事件」というのは、民事訴訟法では、殺人事件のようなできごとを指すのではなくて、裁判所に判断が求められている事案くらいの意味で使われています。

　このように、裁判官が、事件の当事者やその他の点で事件と一定の特殊な関係にあるという場合には、公正な裁判が期待できないとして、そのような事情が生じた時点から「当然に」その訴訟に関して職務を行うことができない状態になるわけです。ただ、除斥事由があるかどうか明確でない場合もありますから、（別の裁判官による）裁判によって判断することも認めなければなりません（25 条以下）。この裁判は、訴訟において付随的に行われるものですから、判決よりも軽い決定という形式で判断されますが、除斥事由の存在によってすでに職務ができない状態になっているのかどうかを確認する、という性質のものになります。

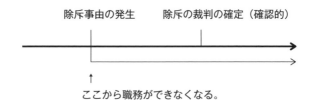

(2) 忌　避

　忌避とは、裁判官に除斥事由に当たる事由がない場合でも、裁判の公正を妨げ**るべき事情がある場合には職務ができなくなる、とされる制度**です（24条）。その意味で、忌避の制度は除斥の制度を補うものです。条文上、忌避事由は、除斥事由の場合とは違って具体的に列挙されていません。条文には、抽象的に「裁判官について**裁判の公正を妨げるべき事情があるとき**」（同条1項）とあるだけですから、忌避事由があるかどうかは、このような事情に当たるかどうかによることになります。また、忌避の場合は、除斥の場合と違って、忌避事由があると認める裁判の確定があって、初めてその裁判官がその訴訟に関して職務を行うことができない状態になりますので、忌避の裁判の確定によってそのような法律的な状態が形成される、という性質のものになります。

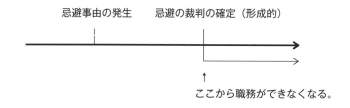

	共通点	事　由	職務が行えなくなる時点
除斥	公平な裁判が期待できない事情がある場合に、裁判官が職務を行えなくなる制度	列挙された一定の場合（例えば裁判官またはその配偶者が事件の当事者であるとき）	事由が生じた時点
忌避		「裁判官について裁判の公正を妨げるべき事情があるとき」	事由を認める裁判の確定時

　なお、民事訴訟法でなく民事訴訟規則には、裁判官自らが職務を離れる「**回避**」という制度もあります（同規則12条。民事訴訟規則は、最高裁判所が民事訴訟法の細目について制定したものです。以下、単に「規則」とも言います）。回避は、除斥または忌避の事由があると認められる場合に、その裁判

官が自ら職務執行を避けることを言います。ただし、その裁判官だけの判断によることは適当ではありませんので、一定の許可が必要であることになっています。

4 確認問題（正誤問題）

まとめとして、確認問題（正誤問題）を掲げておきます。

1　140万円の金銭の支払を請求する訴えは、簡易裁判所が事物管轄を有する。

2　民事訴訟法では、原告の住所地の裁判所が土地管轄を有するというのが、大原則になっている。

3　ある訴えについて土地管轄が認められる複数の裁判所がある場合、そのうちのどの裁判所で審理判断するかは、より上級の裁判所が決定することになる。

4　複数の被告を相手に訴えを提起する場合、1人の被告に対する関係で土地管轄が認められる裁判所に訴えを提起すれば、他の被告に対する関係でもその裁判所に土地管轄が認められることがある。

5　担当する裁判官の元妻が原告となっている訴訟については、裁判の公正を妨げる事情があると言えるから、忌避の裁判によって、その裁判官はその訴訟についての職務を行うことができないものとなる。

1は、〇です。事物管轄の問題としては、訴額が140万円以下の訴えについては簡易裁判所が担当し、140万円を超える訴えについては地方裁判所が担当する、ということになっていますから、140万円ちょうどの場合は、簡易裁判所の管轄となります。

2は、×です。原告ではなく被告の住所地の裁判所が管轄を有するというのが、大原則になっています。

3も、×です。土地管轄が認められる複数の裁判所がある場合、原告がそのうちの1つを選んで訴えを提起することができます。ただし、その裁判所で審理することが一定の事情で不都合であると認められる場合には、その裁判所の裁量で、別の管轄裁判所に移送されることもあります（17条）。

4は、〇です。一定の制限はあります（7条ただし書。後述168頁）。

5は、×です。このような場合は、除斥事由（23条1項1号）に当たり

ますから、忌避の問題ではありません。

第**3**章 訴えの提起

1 総 説

(1) 判決の３類型

訴えについてご説明する前提として、まず、「判決」に関する次のような選択肢問題を考えてみていただきたい、と思います。

＜選択肢問題３＞

次のうち、その確定判決によって強制執行をすることができる場合はどれか。

1 被告に対して一定内容の謝罪広告を一定の新聞に掲載することを命じる確定判決がある場合

2 原告が一定の建物について所有権を有することを確認する確定判決がある場合

3 原告と被告との離婚を認める確定判決がある場合

4 原告の妻である被告に対して原告との同居を命じる確定判決がある場合

正解は、一応、１ということになります。ほかの選択肢の確定判決の場合は、判決が確定しても強制執行をすることは認められませんが、１の確定判決は、普通の場合であれば強制執行が可能であると考えられています。

まず、民事上の判決には、①給付判決、②確認判決、③形成判決、の３つの類型があります。判決にもいろいろな分け方がありますが（後述133頁）、この３類型は、判決の内容の点から見た分類です。

①の給付判決というのは、**裁判所が被告に一定の作為または不作為を命じる判決**です。例えば、「被告は、原告に対し、100万円を支払え。」という主文（判決の結論部分）の判決や、「被告は、原告に対し、別紙物件目録記載の建物を明け渡せ。」という主文の判決のような場合です。原告としては、被告に対して一定の行為を要求する権利を主張することが多いと思いますから、民事の判決としては最も一般的な判決だということになります。このような給付

判決が確定すると、その確定判決によって強制執行をすることができることになります（民事執行法 22 条 1 号）。

　そうすると、上の選択肢問題では、選択肢の 1 と 4 が給付判決ということになりますから、両方の場合とも強制執行が可能だということになりそうですが、少し問題があります。まず、1 のような判決については、憲法上の「思想及び良心の自由」（憲法 19 条）を侵害しないかという問題がありますが、謝罪広告を命じる判決でも、その広告の内容が単に事態の真相を告白し陳謝の意を表明するにとどまる程度のものであれば、強制執行は可能である、というのが判例です。これに対して、4 のような判決については、給付判決でも例外として、被告の自由意思の尊重という人権上の観点から強制執行をすることは許されない、というのが判例です。したがって、判例によれば、1 の確定判決は、その「一定内容」というのが判例の言う程度のものであれば強制執行をすることができることになりますが、4 の確定判決は強制執行をすることができないことになります。

　次に、②の**確認判決**というのは、**裁判所が原告の権利などを確認する判決**です。権利などを確認すること自体で紛争を解決することを目的としたもので、確認判決が確定しても、強制執行をすることができるわけではありません。

　上の選択肢問題では、もちろん 2 が確認判決ということになりますから、強制執行は認められないことになります。その建物が原告の所有であることが確認されても、その建物の中にいる被告が原告から借りていて正当に利用することができる、ということもありえますから、所有権の確認だけで明渡しのような強制執行を認めるわけにはいかないのは、当然でしょう。

　さらに、③の**形成判決**というのは、**その判決の確定によって法律関係が変動するという判決**です。離婚を認める判決が典型例です。離婚を認める判決の主文は、「原告と被告とを離婚する。」というように記載されますが、この場合の「離婚する」というのは「離婚させる」という意味で、裁判所の判断であるその判決が確定したときには離婚という法律効果が発生する、つまり法律関係が変動する、ということになります。

　なお、離婚というのは、夫婦の合意で行うことも可能ですが（協議離婚。民法 763 条）、一方が同意しなければ、離婚ができるのは離婚事由（同法 770 条 1 項）がある場合に限られます。また離婚事由があるかどうかは最終的に裁判所が判断しますので、離婚を認める判決が確定した場合に離婚が成立す

ることになります。このような場合は、判決の確定によって法律関係が変動
して目的が達せられてしまうわけですから、それ以上に強制執行をする余地
はありません。もちろん離婚の際に慰謝料の請求や財産分与の請求も問題と
なりえますが、それは離婚自体の裁判とは別の問題として扱われます。

　したがって、上の選択肢問題の選択肢3は、形成判決で、やはり強制執
行は認められないわけです。

(2) 訴えの3類型

　このような民事上の判決の類型に対応して、民事上の訴えにも、(i)給付の
訴え、(ii)確認の訴え、(iii)形成の訴え、という3つの類型があります。

	判決の意味	その判決を求める訴えの種類
①給付判決	被告に作為や不作為を命じる判決 （原則として、強制執行可能）	(i)給付の訴え
②確認判決	権利等を確認する判決	(ii)確認の訴え
③形成判決	判決の確定により法律関係の変動が 生じる判決	(iii)形成の訴え

　まず、(i)の**給付の訴え**は、**給付判決を求める訴え**です。普通は、確定した認
容判決によって被告に対して強制執行することを目的としていることになり
ます。

　(ii)の**確認の訴え**は、**確認判決を求める訴え**です。ただ、確認の対象は本来ど
のようなものでも可能となってしまいますので、確認の訴えについては、民
事訴訟として審理するに値するものかどうかという観点から、後述するよう
に「**確認の利益**」**が必要**とされます（例えば、所有権確認の訴えが提起されて
も、被告が原告の所有権を争っていない場合には、確認の利益なしとして訴えは
不適法となり、原告に所有権があるかどうかについては判断されないことになり
ます。53頁参照）。

　(iii)の**形成の訴え**は、**形成判決を求める訴え**です。形成の訴えは、形成判決の
確定による法律関係の変動を目的としたもので、それが可能であるという法
律上の規定がある場合に限って許されます。なお、実体法上、例えば契約に

詐欺行為があった場合には騙された相手方は契約を取り消すことができ（民法96条）、そのような取消権は、権利者の一方的な意思表示で法律関係の変動を生じさせる「形成権」であるとされますが、判決の確定によって法律関係の変動を生じさせる形成の訴えとは違いますので、混同しないように注意する必要があります。

　また、原告が、これらの3類型のいずれかの訴えを提起しても、もちろん原告が勝訴するとは限りません。原告の権利は認められないとして「原告の請求を棄却する。」という主文の原告敗訴判決がされる場合には、給付の訴えでも、形成の訴えでも、判決としては、原告の権利がないことを確認する確認判決がされていることになります。

　ところで、**訴え提起から判決確定までの経過を「訴訟」と言います。**したがって、**給付の訴えで始まる訴訟が給付訴訟、確認の訴えで始まる訴訟が確認訴訟、形成の訴えで始まる訴訟が形成訴訟、**ということになります。ただ、訴えのことを訴訟と呼ぶこともあります。

訴訟（給付訴訟、確認訴訟、形成訴訟）

訴え（給付の訴え、確認の訴え、形成の訴え）の提起 → **判決**（給付判決、確認判決、形成判決）の確定

　なお、裁判所は、民事事件に限っても、判決で判断を示すことになる訴訟だけを扱っているわけではありません。訴訟つまり判決手続のほか、さまざまな**決定手続**と呼ばれる手続も扱っています。決定手続は、判決手続よりも軽い手続で審査され、裁判所の判断も決定という判決よりも軽い形式で示される手続です。例えば、除斥や忌避について判断する手続はそれに当たり、除斥事由があるとする決定が確認的なもので、忌避事由があるとする決定が形成的なものであることは、前述（18頁以下）したとおりです。ただし、このような場合は、特定の訴訟に付随して審理判断がされることになります。これに対して、訴訟に付随するのではなくそれ自体独立した手続となっている決定手続もあります。家事事件手続や民事保全手続などのような場合が、それに当たります。

```
         ┌ 判決手続（民事訴訟〔給付訴訟、確認訴訟、形成訴訟〕）
         │
民事事件 ┤        ┌ 付随的な決定手続
         │        │（ex. 除斥や忌避についての判断）
         └ 決定手続┤
                  │ 独立的な決定手続
                  └（ex. 家事事件、民事保全）
```

2 訴え提起の手続

(1) 訴状の提出

ア 訴状の必要的記載事項

訴えの提起は、**訴状を裁判所に提出**して行います（民事訴訟法134条1項）。訴状には、①**当事者**および**法定代理人**（当事者が未成年者の場合の親権者など）、②**請求の趣旨**および**請求の原因**というものを**記載しなければならない**ことになっています（同条2項）。この場合の「請求」は、訴訟上の請求のことで、ここでは、給付・確認・形成という3類型のどれかの形で、原告の被告に対する権利主張を認める認容判決を求めることです。

また、訴状には、訴え提起の手数料分の**印紙を貼付**します（民事訴訟費用等に関する法律3条1項、別表第1の1項、8条。例えば200万円を請求する訴えであれば、訴え提起の手数料は1万5000円となります。財産権上の請求でない請求に係る訴えや、財産権上の請求に係る訴えで訴額の算定が極めて困難なものについては、訴額が160万円とみなされます。同法4条2項）。

そこで、法定代理人（必要な場合について、民事訴訟法31条。後述46頁以下）が不要な場合を前提にすれば、訴状には、少なくとも、

(ⅰ) **誰が誰に対して訴えを提起するのか**（134条2項1号の「当事者」）
(ⅱ) **原告はどのような結論（主文）の判決を求めるのか**（同項2号の「請求の趣旨」）、また**そのような結論になる原因がどういうものなのか**（同号の「請求の」「原因」）

を記載する必要があることになります。例えば、AさんがBさんに対して貸した200万円の返還を請求する訴えを提起する場合であれば、Aさんは、訴状に、

（ⅰ）（当事者として）Aが原告で、Bが被告であること
（ⅱ）（請求の趣旨として）Aは、「被告は、原告に対し、200万円を支払え。」
　　という判決を求め、（請求の原因として）判決がそのような結論になるべ
　　きである原因が、AとBとの間で締結した特定の消費貸借契約であるこ
　　と

を記載しなければならないことになります。
　原告が訴状で提示し、裁判所が判決の結論としてその存否を判断すべき権
利というのは、上の例では、特定の消費貸借契約に基づく貸金返還請求権で

＜ごく簡単な訴状の例＞

との判決並びに仮執行の宣言を求める。

第2 請求の原因

1 原告は、被告に対し、令和3年7月1日、弁済期を令和4年6月30日として、200万円を貸し付けた。

2 よって、原告は、被告に対し、上記消費貸借契約に基づき、貸金200万円及びこれに対する令和4年7月1日から支払済みまで民法所定の年3パーセントの割合による遅延損害金の支払を求める。

第3 本件に関連する事情

1 上記消費貸借契約の締結は、原告と被告とが知人関係にあったことから、金銭に困窮していた被告が原告に対してとくに懇願してきたために行われたものであり、原告も余裕がない中でなんとか都合をつけたものである。

2 しかし、被告が、令和4年6月30日になっても上記貸金を返還しないため、原告が被告宅に数回電話するも、全く応答がない。そこで、原告は、本件に関し、同年7月10日到達の内容証明郵便をもって、到達日の翌日から1週間以内に支払うよう催告したが、それでも被告からは何らの支払も連絡もない状態である。

　　　　　　　　　　　証　拠　方　法

甲第1号証　　　金銭消費貸借契約証書
甲第2号証の1　催告書（内容証明郵便）
甲第2号証の2　郵便物配達証明書

　　　　　　　　　　　附　属　書　類

1　訴状副本　　　　　　　　　1通
2　甲号各証写し　　　　　　　各2通
3　訴訟委任状　　　　　　　　1通

- 2 -

す。訴訟のテーマとなるこうした権利は、訴訟物と呼ばれています。「民事訴訟における審理の仕組み」（8頁）で前述した権利、事実、証拠のうちの「権利」が、これに当たることになります。**訴状では、請求の趣旨と請求の原因とで訴訟物を特定しなければならない**、とされているわけです（200万円の支払を求める権利といっても、例えば売買代金かもしれませんから、権利が発生する原因を特定しないと権利を特定したことにならないわけです）。

　イ　その他

　訴状には、訴訟物を特定するための事実だけではなく、「請求を理由づける事実を具体的に記載し、かつ、立証を要する事由ごとに、当該事実に関連する事実で重要なもの及び証拠を記載しなければならない」（規則53条1項）

とされています。

　これらのうち、まず、「**請求を理由づける事実**」というのは、「民事訴訟における審理の仕組み」で前述した権利、事実、証拠のうちの「事実」に当たることになります（請求を特定するための事実よりも多いのが普通です。「請求原因」の言葉は普通この意味で使われます。消費貸借契約については、後述します。82頁）。ただし、訴訟物を特定するための事実以外の事実は、訴訟が開始してから主張することも可能ですから、訴状に「請求を理由づける事実」の記載がなかったとしても、訴状として不適法であることにはなりません。

　「当該事実に関連する事実で重要なもの」というのは、「請求を理由づける事実」の周辺的な事実で重要なものですから、裁判所の審理や被告の対応の上で大きな意味を持ってくることがあります。そこで、訴訟手続上もなるべく早めに主張してもらおうという趣旨で定められたものです。ただ、どの程度関連するのか、どの程度重要なのかは不明確ですから、原告の判断に任さざるをえない面がありますし、訴状にこの記載がなかったとしても、訴状自体はやはり適法と考えられています。

　なお、「請求を理由づける事実」に関連する事実についての主張を記載する場合は、できる限り、「請求を理由づける事実」とは区別して記載することが要求されています（規則53条2項）。

　また、訴状には、重要な文書の写しを添付しなければならないとされ、とくに、**事件の種類に応じて、登記事項証明書、手形・小切手の写しを添付することが必要**とされています（規則55条）。これは、やはり「民事訴訟における審理の仕組み」で前述した権利、事実、証拠のうちの「証拠」に当たるわけで、訴訟が開始してから提出することも可能なものです。不動産については権利者が権利を登記所の登記簿に記録してもらう必要があり、登記事項証明書は、その記録を登記官が証明する書面です。

(2)　訴状審査

　訴状の提出を受けた裁判所では、訴状を被告に送達する前に、裁判長が、①**訴状に必要なことが記載されているかどうか**、②**訴え提起の手数料を納付したかどうか**（必要な額の印紙が貼ってあるかどうか）を審査し、不備があれば原告に補正を命じます（民事訴訟法137条1項）。

　裁判長の補正命令があったのに**原告が不備を補正しないときは、命令という判決よりも軽い裁判形式**（後述133頁）**で訴状を却下**します（同条2項）。

条文には「裁判長」が訴状を審査するとありますが、これは、狭義の裁判所について前述（17頁）した合議制を前提とする表現です。地方裁判所では、むしろ裁判官が1人で訴訟を担当する単独制が原則的な場合で、その場合には、1人で狭義の裁判所を構成するその裁判官自身が裁判長としての権限も行使することになります。

(3) その後の手続

訴状審査の手続で訴状に不備がない場合、または不備があっても補正がされた場合には、その**訴状は被告に送達**されます（138条1項）。訴状が被告に送達された時点で、裁判所で審理の上判断がされるべき状態になり、「**訴訟係属**」が生じたと表現されます（「訴訟継続」と誤記しないよう、注意が必要です）。

また、裁判長は、審理を開始するため、**第1回口頭弁論期日をいつ開くのかを決め**、当事者にその日時に来るように**呼び出す**ことになります（139条）。

| 訴状の提出 | → | 訴状の審査 | → | 訴状の送達、第1回口頭弁論期日の決定と呼出 |

3 訴え提起の効果

(1) 時効の完成猶予等

実体法上、時効という制度があります。時効には取得時効と消滅時効とがありますが、例えば、貸したお金が返済されない場合、貸主が権利を行使することができることを知った時から5年経つと、消滅時効によって権利が消滅します（民法166条1項1号。債務者による時効の援用は必要です。同法145条）。

しかし、時効は、裁判上の請求があると完成が猶予されます（同法147条

1項1号)。そして、時効の完成猶予または法律上の期間を守るために必要な裁判上の請求は、訴えを提起した時にその効力を生じる、とされています（民事訴訟法147条。条文の数字はたまたま民法と同じです）。したがって、**時効の完成猶予は、訴え提起の効果の1つであると言うことができます。**

(2) 重複起訴の禁止
ア 意 義

訴えの提起後、訴状が被告に送達された時点で、前述のように訴訟係属となります。そして、**裁判所に係属する事件については、当事者は、さらに訴えを提起することができない**ものとされています（142条）。これは、重複起訴の禁止あるいは二重起訴の禁止と呼ばれています。

まず、確認すべきであるのは、重複起訴の禁止は、1つの訴訟が係属している間にもう1つ同じような訴えを提起することが禁止されるということであって、1つの訴訟について判決が確定した後にまた同じような訴えを提起する場合は重複起訴の禁止の問題ではない、ということです（後述する訴えの利益や判決の効力という別の問題となります。52頁、139頁）。

では、なぜ重複起訴は禁止されるのでしょうか。この点については、従来、①被告の応訴の煩、②訴訟不経済、③矛盾審判のおそれという3つの観点が指摘され、それらの防止が重複起訴禁止の趣旨である、と言われています。

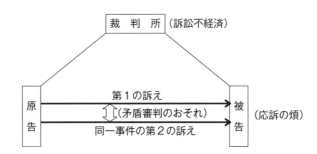

まず、①は、同じような訴えが重複して提起されて被告がそれぞれに応訴しなければならないとすると、煩わしくて迷惑であるということで、そうした被告の不利益を防止するために重複起訴は禁止する必要がある、というわけです。

また、②は、同じような訴訟が重複して審理されるというのは無駄である
ということで、とくに税金で維持されている裁判所制度が合理的に運営され
るべきであるのは当然のことである、というわけです。

　③は、同じような訴えが併行して重複して審理判断されると、結論につい
て矛盾する判断が示されて混乱が生じるおそれがあるということで、それを
防止する必要がある、というわけです。つまり、重複起訴を禁止しないと、
例えば、一方の訴訟では原告の権利が認められて原告が勝訴したのに、他方
の訴訟では原告の権利が認められずに原告が敗訴した、という事態も考えら
れることになりますから、それを事前に防止しておこうというわけです。

イ　事件の同一性

　142条には「裁判所に係属する事件については」と表現されていますか
ら、重複起訴が禁止される要件は、「**事件の同一性**」と呼ぶことができます。

　この事件の同一性については、**(i)訴訟物**（前述 28 頁）**の同一性と(ii)当事者
の同一性で考え、どちらかでも違えば同一の事件ではない**、というのが原則で
す。

　例えば、Ａさんがビさんに対してある土地の所有権確認の訴えを提起し、
その訴訟の係属中に、ＡさんがＣさんに対して同じ土地の所有権確認の訴え
を提起したという場合、訴訟物はいずれもＡさんの所有権ですけれども、当
事者が異なり、判決の効力もそれぞれＡＢ間、ＡＣ間に及ぶにすぎませんか
ら、重複起訴にはならないと考えられています。たとえ、ＡＢ間の訴訟でＡ
さんの所有権が認められて、ＡＣ間の訴訟ではＡさんの所有権が認められな
かったというようなことが生じても、それは、それぞれの訴訟で被告である
ＢさんやＣさんの争い方などにもよりますから（Ｃさんの争い方がＢさんより
も上手だったということなどもありうる、ということ）、民事訴訟の世界では、
見過ごせないような矛盾した判断がされた、とは考えないわけです。

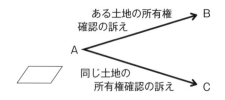

　なお、(i)の訴訟物の同一性についても、(ii)の当事者の同一性についても、

全く同一であるという場合のほか少し広げて考えられていますが、詳細は省略します。

ウ　効　果

　重複起訴に該当するとどうなるのかというと、条文（142条）には、「更に訴えを提起することができない」とあるわけですから、「できない」はずなのに提起してしまった「**後の訴え**」**が不適法**となります。したがって、最初の訴えについては普通に審理判断がなされますが、後の訴えについては、原告が主張する権利が認められるかどうかを判断しない訴え却下の判決（後述134頁）がなされることになります。

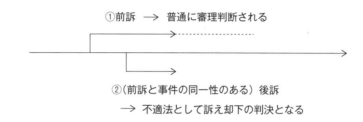

①前訴　→　普通に審理判断される

②（前訴と事件の同一性のある）後訴
　→　不適法として訴え却下の判決となる

4　訴訟物論

　すでにお話ししたように（27頁）、原告が訴状で提示し、裁判所が判決の結論としてその存否を判断すべき権利は、訴訟のテーマとなるもので、訴訟物と呼ばれています。ただ、**訴訟物のいわば大きさをどう考えるのか**という点については、考え方が大きく分かれています。

　まず、次の選択肢問題を考えていただきましょう。

＜選択肢問題4＞

　Aが、Bに対して、Aの所有する建物を賃貸していた。しかし、Bは、賃貸借契約が終了した後も、その建物をAに明け渡さない。そこで、Aは、Bに対して、その建物の明渡しを求める訴えを提起した。この場合について、次のうち、考え方として最も適当で「ない」ものはどれか。

1　Aは、所有権に基づく返還請求権と契約に基づく返還請求権とを有するから、Aが2つの請求権を主張して訴えを提起する場合は、訴訟物は2つとなる。

2　Aは、所有権に基づく返還請求権と契約に基づく返還請求権とを有するが、建物は1つであり、建物の返還は1回だけなされればよいから、Aが2つの請求権を主張して訴えを提起する場合も、訴訟物は1つとなる。

3　Aは、所有権に基づく返還請求権と契約に基づく返還請求権とを有するから、Aが2つの請求権を主張して訴えを提起する場合、Aは、訴訟物を1つとするのか2つとするのかを選択することができる。

4　Aは、実体法上、所有物を賃貸したという意味での1つの返還請求権を有すると考えるべきであって、Aがこれを主張して訴えを提起する場合、請求権が1つである以上、訴訟物も1つである。

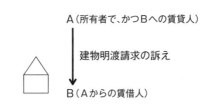

A（所有者で、かつBへの賃貸人）

建物明渡請求の訴え

B（Aからの賃借人）

　正解は3です。一般的にこのように選択可能とする考え方は、見当たりません。

　訴訟物をどのように構成するかについては、基本的に2つの立場があると言われてきました。1つが旧訴訟物理論（旧説）と言われる考え方で、もう1つが新訴訟物理論（新説）と言われる考え方です。

　選択肢の1が、**旧訴訟物理論**の考え方です。**実体法上複数の請求権があるのであれば、訴訟のテーマも実体法上の請求権ごとに別々に考える**、というものです。この考え方では、2つのうちの1つの請求権を主張して建物明渡請求の訴えを提起して敗訴した場合、訴訟物はそれに限定されていますから、理論上は、その後、もう1つの請求権を主張してその建物についての明渡請求の訴えを提起することができることになります。**実務は、基本的に旧訴訟物理論で運用されています。**

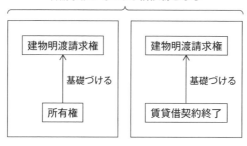

各請求権がそのまま訴訟物となる

建物明渡請求権 ← 基礎づける ← 所有権

建物明渡請求権 ← 基礎づける ← 賃貸借契約終了

　これに対して、選択肢の２が、**新訴訟物理論**の考え方です。建物を１回だけ返してもらえばよく、返してもらえる理由として、所有権があるから、あるいは賃貸借契約が終了したからということが主張できるわけですから、所有権とか賃貸借契約終了というのは、返還請求するための理由（法的観点）であって、両方主張した場合も訴訟のテーマは全体で１個と考えるわけです。そうなると、例えば、所有権だけを主張してその建物の明渡請求の訴えを提起して、敗訴したという場合にも、訴訟のテーマである**訴訟物**としては、**給付を受ける法的地位（受給権）**、つまり今の例では建物の明渡しを受ける権利という形で大きく捉えることになりますから、もはや、後で、賃貸借契約の終了を理由にその建物の明渡請求の訴えを提起することはできない、ということになります。学説の多数説は、新訴訟物理論を採っています。

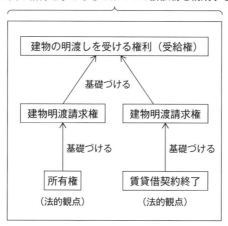

１回の給付を求めるものは１つの訴訟物を構成する

建物の明渡しを受ける権利（受給権）
↑ 基礎づける ↑
建物明渡請求権　　　建物明渡請求権
↑ 基礎づける　　　　↑ 基礎づける
所有権　　　　　　　賃貸借契約終了
（法的観点）　　　　（法的観点）

なお、選択肢の4のような考え方は、新実体法説と呼ばれます。実体法上の請求権を所有権かつ賃貸借契約終了に基づく権利に一本化してしまいますので、実体法上の請求権と訴訟物とが一致することになります。ただし、一般的な考え方にはなっていません。

1つに再構成された請求権が訴訟物となる

なお、こうした訴訟物論というのは、通常、給付訴訟について議論されています。確認訴訟では、訴訟物論の対立はありません。形成訴訟については、新訴訟物理論の側でも論者によって構成はさまざまです。

5 処分権主義

(1) 意 義

民事訴訟法は、**処分権主義**という制度を採用しています。これは、

① **訴えるかどうかが原告となりうる人の自由**である
② **何について訴えるかが原告の自由**である
③ **訴訟をどういう形で終わらせるかが当事者の自由**である

ということを内容とします。つまり、一言で言えば、訴訟の開始や訴訟物や終了という大枠については、当事者が自由に決められる、ということです。

まず、①ですが、原告となりうる人をAさんとしますと、Aさんには訴えを提起するかしないかを決める自由があるということで、裁判所について言うと、Aさんが何ら訴えを提起していないのに、裁判所が、勝手に、Aさんには別の人であるBさんに対してこれこれという権利があるとかないとかいった判断をすることはできない、ということになります。

②は、Aさんが訴えを起こす場合に、Aさんには訴訟物を何にするのかを決める自由があるということですが、これも裁判所について言うと、Aさんが訴訟物を特定してこれについてだけ判断して下さいと言っている以上、裁判所はそれについてだけ判断することになる、ということです。例えば、Aさんが、ある土地についての自分の所有権についてだけ判断を求めている場合に、もし、裁判所が、Aさんが裁判所に判断を求めていない別の土地についての所有権についてまで判断できるということになってしまうと、①の趣旨に反してくることにもなるわけです。そこで、訴えの内容についても原告が決められるということになっているわけです。

③は、訴訟の終わらせ方に、判決以外にも、訴えを取り下げるとか、被告と互いに譲り合って和解をするとか、いくつかの種類がありますので、それらのどれにするかも当事者の自由で、裁判所がそのうちの1つを強制するわけにはいかない、というものです。ただ、原告の一存だけではなく、被告の同意が必要であるなど、一定の条件が必要になる場合もあります。

(2)　246条

処分権主義については、**民事訴訟法246条が、「裁判所は、当事者が申し立てていない事項について、判決をすることができない。」と定めています。**これは、上の①と②を規定している、とみることができます。

そして、前述（33頁以下）のように、何について訴えているのかの範囲が訴訟物論によって異なりますから、とくに**旧訴訟物理論を採るか、新訴訟物理論を採るかによって、この条文の適用の仕方が変わってくる**ことになります。例えば、所有権に基づいて建物の明渡しを請求している訴訟で、賃貸借契約の終了を理由に建物明渡しを命じる判決をすることは、旧訴訟物理論ではこの条文に反することになりますが、新訴訟物理論では同じ訴訟物の範囲内のこととしてこの条文に反しないことになります。

(3)　具体例

ところで、どこまでが当事者が申し立てている事項なのか、微妙な場合もいろいろあります。それを考えていただきたいというのが、次の選択肢問題です。

<選択肢問題 5>

次のうち、明らかに処分権主義に反する判決はどれか。

1　1000万円の貸金返還請求訴訟で、すでに200万円の弁済があったと認定され、「被告は800万円を支払え」という判決がなされる場合

2　建物の明渡請求訴訟で、原告が立退料として300万円を申し出ているときに、「被告は、原告から500万円の支払を受けるのと引換えにその建物を明け渡せ」という判決がなされる場合

3　ある1000万円の貸金債権のうち200万円を超えて債務は存在しないことの確認を求めるという訴えが提起された場合で、「300万円を超えて原告の債務は存在しない」という判決がなされる場合

4　ある1000万円の貸金債権のうち200万円を超えて債務は存在しないことの確認を求めるという訴えが提起された場合で、「100万円を超えて原告の債務は存在しない」という判決がなされる場合

　正解は、4ということになります。

　まず、1ですが、これはよくある判決で、訴えた範囲の一部を認める**一部認容判決**です。1000万円の請求に対して、裁判所が、200万円は例えば弁済されているとして、800万円の支払を命じる判決をするというもので、原告が申し立てている範囲内の判決ということになります。

　2は、立退料が問題となっているもので、借地借家法上、裁判所は、原告が申し出た立退料と引換えに建物の明渡しを命じることができることになっているわけですが（同法28条）、裁判所は、原告が提示した金額を上回る金額の立退料と引換えに建物の明渡しを命じることができるかが、問題になります。これについては、最高裁の判例があり、原告は「立退料として300万円もしくはこれと格段の相違のない一定の範囲内で裁判所の決定する金員を支払う旨の意思を表明し」たとして、500万円との引換えに建物の明渡しを命じることは許される、としました。

　選択肢の3と4は、**債務の一部についての不存在確認の訴え**です。両方とも、債務者側である原告としては、問題になっている1000万円の債務のうちの200万円分については自分で認めていて、残りの800万円の債務について、被告である債権者側は払えと言ってきているけれども、本当は不存在なのでそれを裁判所で確認してほしい、と主張しているわけです。このような場合、訴訟物は債務のうちの800万円分と考えられています。

そうしますと、3のように「300万円を超えて原告の債務は存在しない」という判決であれば、これは、訴訟物の範囲内で、原告の言い分よりも100万円分だけ原告に不利になった一部認容判決である、ということになります。

しかし、**4のように「100万円を超えて原告の債務は存在しない」という判決の場合は、原告の言い分よりも100万円分だけかえって原告に有利になっていて、800万円という訴訟物の範囲の外の判断になっていますので、こちらは、処分権主義違反**ということになります。4の場合も、原告が200万円と言っていて裁判所が100万円と言っていますので、一部認容判決のように見えてしまうかもしれませんが、1の場合と比べると、債務者側が原告となっていて金額の大小による原告の有利不利が反対の状況になりますので、注意が必要です。

この範囲にわたって不存在と判断することは許されない。

6　一部請求

一部請求というのは、例えば、原告が、1000万円の債権を持っているとして、そのうちの一部である300万円を被告に対して訴求すること（訴えで請求すること）ですが、これについては、その一部について判断した判決が確定した場合に、後で残部の700万円をさらに訴求できるか、という問題があります。

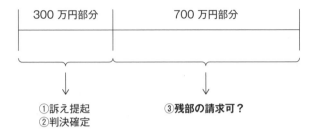

　伝統的な判例は、原告が前訴で**一部であることを明示した場合は、後で残部の請求をすることはできる**とします。したがって、反対に、一部であることの明示がない場合は、残部を請求する訴えが認められないことになります。

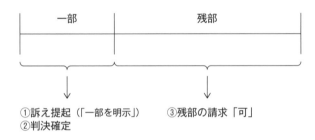

　ただし、判例は、上の例で、**1000万円のうちの300万円を訴求して請求棄却になった場合や300万円未満しか認容されなかった場合、その後に残部の700万円を請求する訴えを提起することは、特段の事情がない限り、信義則に反して許されない**、としています。理由としては、そのような一部請求では、債権の全部について審理判断することが必要で、請求棄却や300万円未満の認容判決というのは、残りの700万円についても後に残部として請求できる部分が存在しないとの判断を示しているからだ、としています。

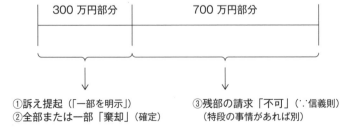

7 確認問題（正誤問題）

まとめとして、確認問題（正誤問題）を掲げておきます。

---

1 「被告は、原告に対し、100万円を支払え。」という主文の判決は、被告の支払義務を確認したもので、確認判決である。

2 給付の訴えを提起しても、確認判決で終わる場合もある。

3 訴状には、請求の趣旨として訴えを提起した動機を書く必要があり、これは訴訟物とは関係がない。

4 原告が訴訟費用を負担するのであれば、重複起訴も禁止されない。

5 訴訟物についての実務の考え方は、実体法上の請求権ごとに訴訟物となると考えるもので、旧訴訟物理論と呼ばれる。

6 原告が被告に対して1000万円の支払を請求する訴えを提起したのに対して、裁判所が、審理の上、原告には1200万円の権利があると考えたという場合、裁判所は、被告に対して1000万円の支払を命じる判決しかできない。

1は、×です。このような判決は、給付判決です。

2は、○です。原告の権利が認められない場合には、請求棄却となりますが、これは、原告の権利がないことを確認する確認判決です。

3は、×です。訴状に記載しなければならない請求の趣旨とは、どのような主文の判決を求めるのかということで、請求の原因とともに訴訟物を特定する必要があります。

4も、×です。原告が訴訟費用を負担すれば済むという問題ではありません。

5は、○です。実体法説あるいは旧実体法説と呼ばれることもあります。

6も、○です。処分権主義が理由です。

第4章 当事者

第**4**章 **当事者**

1 当事者の意義

　訴えを提起するとなると、当事者として、訴えを提起する**原告**とその相手方である**被告**がいることになります。その訴えについて審理判断した判決は、その原告と被告とを名宛人として言い渡されることになります。

2 当事者の確定

　実務では、誰が当事者なのかは普通明らかで、あまり問題となることはありませんが、理論上は、誰が当事者なのかをどのような基準によって決めるべきなのかという議論がありますので、一応、確認しておきたいと思います。
　ここでは、次の選択肢問題を考えていただきたいと思います。

＜選択肢問題６＞
　Aが、自分はCであると偽ってBを訴えたという場合について、原告である当事者は、氏名を冒用したAなのか氏名を冒用されたCなのか、という問題がある。次のうち、これについて最も一般的な考え方はどれか。
1　当事者の確定は訴状の記載から判断すべきであり、Cが原告として書かれてあれば、Cが原告である。
2　当事者の確定は当事者の意思によるべきであり、AがCを原告とする意思であれば、Cが原告である。
3　当事者の確定は当事者として行動しているかどうかから判断すべきであり、原告として行動しているのはAであるから、Aが原告である。
4　Cが実在しているときはCが原告となり、Cが死亡している等実在していないときはAが原告となる。

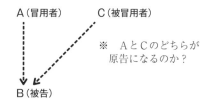

A（冒用者）　　　C（被冒用者）

※　AとCのどちらが
　　原告になるのか？

B（被告）

　正解は1です。

　1のような考え方は、**表示説**と呼ばれます。これは、訴状の表示に従って誰が当事者であるかを決めますが、通常、当事者の欄だけで決めるのではなく、**訴状の全体の記載から判断します**（実質的表示説と言います）。

　ただ、この考え方からすると、勝手に氏名が冒用された人（C）が当事者であるということになってしまい、その人にとって不利な判決が確定した場合も、その人に判決の効力が及んでしまうことになります。そこで、その場合には、再審の訴え（338条）によってその判決を取り消してもらう、と考えることになります。

　2のような考え方は、**意思説**と言います。これは、意思を基準にするというものですが、もし原告の意思を基準にするとしますと、原告を決めるのに原告の意思によるというのは循環論法で矛盾がある、と言われています。選択肢の2についても、もしCが原告であるというのであれば、原告でないAの意思で考えるのはおかしいということになります。

　3は、**行動説**とか**挙動説**と呼ばれます。しかし、弁護士が本人に代わって行動することもありますし、使者が訴状を提出することもありますから、誰が当事者として行動したのかという基準はあいまいである、という批判があります。

　4の考え方は、一般には主張されていないと思います。ただ、Cが実在していないときは「CことA」としてCがAを表す通称として使用された、と判断されるようなことは、ありうると思います。

3　当事者能力

　今度は、次のような選択肢問題を考えていただきたいと思います。

<選択肢問題7>
　次のうち、民事訴訟法上当事者になれないものとして、最も適当なも

のはどれか。
1　審理を担当する裁判官の妻
2　未成年者
3　権利能力のない社団
4　会社の総務部

　正解は4です。

　まず、**当事者能力**という言葉は、**民事訴訟で当事者となることができる一般的な資格**のことを指します。ある訴訟の原告にはなれるけれども別の訴訟の原告にはなれない、というようなことではなくて、そもそも一般的に訴訟の当事者になれるのかどうか、ということが問題とされていることになります。

　民事訴訟法の28条前段を見ますと、「当事者能力、……は、この法律に特別の定めがある場合を除き、民法（……）その他の法令に従う。」とありまして、当事者能力は民法上の権利能力（権利を有し義務を負うということができる資格。人間や法人には当然にこの資格があります）に対応する、と考えられています。つまり、**民法上の権利能力者であれば、民事訴訟法上当事者になれる資格がある**、ということです。実質的な観点から言えば、権利義務が帰属する主体であれば、その権利義務について紛争が生じた場合には、訴訟の当事者として争うことができるとする必要があるだろう、ということです。

　ただ、29条は、28条の例外として、「**法人でない社団又は財団で代表者又は管理人の定めがあるものは、その名において訴え、又は訴えられることができる。**」と定めています。ごく簡単に言えば、社団とは一定の目的を持った人の集団、財団とは一定の目的を持った財産の集合を言います。権利義務が持てる法人になれば、それぞれ社団法人、財団法人として当然に当事者能力がありますが、法人でない社団（例えば同窓会や同好会）や財団でも、代表者か管理人の定めがあれば、民事訴訟法上は当事者になれることになっているわけです。これは、民法と大きく違う点ですが、紛争の現実に着目して認められたものです。なお、法人でない社団や財団は、権利能力のない社団や財団とも言います。

　そこで、上の選択肢問題について見ておきます。

　まず、1は、前述（18頁）した除斥の問題ということになります（民事訴訟法23条1項1号）。したがって、その裁判官がその訴訟について職務を行

えないために、その訴訟については別の裁判官が担当することになるだけで、裁判官の妻が一般的に訴訟の当事者となれることに問題はないわけです。2は、次の項目として後述する訴訟能力の問題です。未成年者にも権利能力はありますから、当事者能力もあることになります。3は、今見ました29条の話ということになります。4ですが、会社自体は法人ですから、当然に権利能力があり、当事者能力もあります。しかし、**会社組織の一部は、権利能力がなく、権利能力のない社団や財団でもありませんので、当事者能力もない**ことになります。例えば、会社の総務部が訴えを提起したいという場合には、会社が原告となって訴えを起こすしかないわけです。したがって、この4が正解ということになります。

4　訴訟能力

　民法上の権利能力に相当するものが民事訴訟法上の当事者能力としますと、次に、民法上の行為能力（契約などの法律行為を単独で有効に行うことができる能力。民法4条以下）に相当するものが問題となります。それが訴訟能力と呼ばれるものです。

　ここでは、次のような選択肢問題を考えてみましょう。

＜選択肢問題8＞

　未成年者が訴えを提起したいという場合、どうしたらよいか。次のうち、正しいものはどれか。

1　未成年者は、裁判所の特別の許可を得る必要がある。そうした許可を得られた場合にのみ、訴えを提起することができる。

2　未成年者は、親権者などの法定代理人に代理してもらう必要がある。そうした代理人によってのみ、訴えを提起することができる。

3　未成年者は、親権者などの法定代理人に代理してもらうか、あるいは法定代理人の同意を得る必要がある。そのどちらかの方法によってのみ、訴えを提起することができる。

4　未成年者は、意思能力がある限り、自ら弁護士に依頼することによって訴えを提起することができる。

　正解は2です。

　民事訴訟法上、**訴訟能力**という概念があります。これは、**自ら有効に訴訟**

行為をなすのに必要な能力ということになります。先ほど見ました民事訴訟法28条に、「……訴訟能力及び訴訟無能力者の法定代理は、この法律に特別の定めがある場合を除き、民法（……）その他の法令に従う。訴訟行為をするのに必要な授権についても、同様とする。」と規定されていますので、**訴訟能力は、民法上の行為能力に対応するもの**だと考えられています。

訴訟法上の概念	当事者能力 （民事訴訟の当事者になれる資格）	訴訟能力 （訴訟行為ができる能力）
対応する実体法上の概念	権利能力 （権利義務の主体になれる資格）	行為能力 （契約等の法律行為ができる能力）

　未成年者の場合、前述（45頁）したように、権利能力がありますから当事者能力はありますが、行為能力はありませんので訴訟能力もないということになります。「精神上の障害により事理を弁識する能力を欠く常況にある」として「後見開始の審判を受けた者」、つまり成年被後見人（民法7条以下）も同じです。

　ただし、行為能力についての特別規定である民事訴訟法31条を見ていただきますと、「未成年者及び成年被後見人は、法定代理人によらなければ、訴訟行為をすることができない。……」と規定されています。「法定代理人によらなければ、訴訟行為をすることができない。」とありますが、訴えを提起するのも訴訟行為ですから、**未成年者が訴えを提起するには、法定代理人による必要がある**、ということになります。未成年者の法定代理人というのは、普通は親権者ですが、未成年後見人のこともあります（民法824条、838条1号、859条）。

　民法上、未成年者が取引行為を行うためには、法定代理人に代理してもらってもいいわけですが、未成年者に意思能力（簡単に言うと、意思に基づく自分の行為の意味が分かる能力）がある場合には、法定代理人の同意を得て自ら行うこともできることになっています。しかし、**民事訴訟法上の訴訟能力についてのルールとしては、後者のような同意方式では足りない**とされている、ということになります。これは、通常の説明では、取引行為よりも訴訟行為の方が高度な能力を要するから、と言われています。

未成年者が弁護士に訴訟代理人になってもらう場合も、未成年者の法定代理人が弁護士に訴訟委任することになります。したがって、選択肢の4も間違いということになります。

　以上から、先ほどの選択肢問題の正解は、2ということになるわけです。

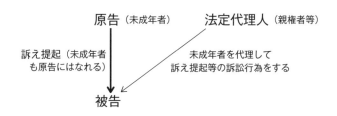

　さらに、もう1点、民法の行為能力の扱いと違うことがあります。それは、もし、**未成年者や成年被後見人がこのルールに違反して、自分で（あるいは法定代理人の同意を得て）訴訟行為をしてしまったという場合、その訴訟行為は無効になる**のであって、行為能力の場合のように取り消すことができる行為（民法5条2項、9条本文）になるわけではない、ということです。取り消すことができる行為は、取消しという意思表示があるまでは有効ですから、民事訴訟法では、そういう不安定な法律関係となる事態を認めないことにした、ということになります。民事訴訟は、手続ですから、時間とともに進行するわけで、手続が先に進んでいって訴訟行為が積み重ねられた後に、ずっと以前になされた訴訟行為について取消しの意思表示がなされるということがあると、その後の訴訟行為が覆滅されてしまい、無駄が多くなってしまうということが考えられます。そこで、そういう事態を避けるために、訴訟能力のルールに違反した場合には、その訴訟行為は無効であるとして不安定な状態をなるべく生じないようにした、というわけです。このように、訴訟能力については、**手続の安定**を考慮して、民法上の行為能力の扱いとは違うものにしたのです。

	執るべき方式	必要な方式を執らなかった場合の効果
訴訟能力の規律	法定代理人が代理する	無　効
行為能力の規律	法定代理人が、①代理するか、②（未成年者に意思能力があれば）同意する	取消しが可能

　ところで、訴訟中に当事者が訴訟能力を欠いていることが判明した場合には、無効な訴訟行為が行われていたことになるわけですが、その場合には、**補正**が命じられます（民事訴訟法 34 条 1 項本文）。無効な訴訟行為があったけれども、本来権限を持っている人が、「それでいいよ。」と言うのであれば、有効にしていいのではないか、ということです。民事訴訟では、前述のように、手続の安定から、有効な訴訟行為が後で無効になるのは困るわけですが、無効な訴訟行為が有効になるのであれば、無駄がなくなり、手続の安定も害しないわけです。未成年者の場合であれば、その法定代理人がそれまでの訴訟行為を**追認**すれば、有効になりますし（同条 2 項）、その後の訴訟行為はその法定代理人が行う、ということになります。

　なお、法人については、法人自身が動けないという意味では、いわば赤ん坊と同じことですから、**法人が訴えを提起するなどの訴訟行為をする場合については、法人の代表者について法定代理人に準じた扱いがされる**ことになっています（37 条）。

5　訴訟上の代理人

　上に見ましたように、当事者本人が訴訟行為を行わなくても、当事者の代理人が訴訟行為を行うことも、認められています。本人が未成年者であるような場合には、法定代理人が代理人になります。この場合には、当事者本人から代理権が授与されるのではなく、法律の規定に基づいて代理人となりますから、**法定代理人**と呼ばれるわけです。

　また、訴訟能力のある人も、訴えを提起していろいろな訴訟行為をするというのは大変なことですから、当然、弁護士に訴訟の代理人（訴訟代理人）になってもらうということはよくあるわけです。この場合には、当事者本人から代理権が授与されることによって代理人となりますから、法定代理人に対して**任意代理人**と呼ばれています。

そして、任意代理人の場合には、原則として、弁護士でない人に代理してもらうことはできないことになっています。これを**弁護士代理の原則**と言っています（54条1項本文）。ですから、法律に詳しい友だちがいたとしても、その人に自分を代理して訴訟行為をやってもらうことはできない、ということになります（簡易裁判所においてその許可を得た場合は、例外です。同項ただし書）。ただ、我が国では、弁護士強制主義は採られていませんので、当事者本人が弁護士に依頼することなく訴訟行為をすることは許されています。

6　確認問題（正誤問題）

　まとめとして、確認問題（正誤問題）を掲げておきます。

1　XがZの名を冒用してYに対して訴えを提起したところ、冒用の事実が見過ごされたまま判決がなされ、それが確定した場合、通説では、その判決の効力はZに及ばない。

2　法人でない財団は、権利能力がないから、代表者の定めがある場合でも、民事訴訟の当事者にはなれない。

3　未成年者が訴えを提起する場合は、必ず法定代理人が本人を代理して行う必要がある。

4　成年被後見人が自ら1人で訴えを提起した場合、その者の保護のため、その者は訴えの提起を取り消すことができる。

5　弁護士でない人でも、簡易裁判所においては、その許可を受ければ、訴訟代理人になることが認められる。

　1は、×です。当事者の確定についての通説は表示説で、これによると、Zが当事者（原告）となりますから、確定判決の効力はZに及んでしまうことになります。ただし、Zは、再審の訴えを提起することができます。

　2も、×です。29条には、「法人でない社団又は財団で代表者又は管理人の定めがあるものは、その名において訴え、又は訴えられることができる。」と定められています。

　3は、○です。31条には、「未成年者…は、法定代理人によらなければ、訴訟行為をすることができない。……」と規定されています。法定代理人が同意するだけではだめだということになります。

　4は、×です。訴訟無能力者が行った訴訟行為は無効であって、取消し

可能となるのではありません。補正が命じられますが、補正されなければ、訴訟係属が不適法だったということで、訴えは却下されることになります（なお、無効でも不存在ではありませんので、訴えを放置することは許されないと考えられています）。

　5は、○です。54条1項ただし書は、「ただし、簡易裁判所においては、その許可を得て、弁護士でない者を訴訟代理人とすることができる。」と規定しています。

第5章 訴訟要件

訴訟要件については、次のような問題を考えていただきましょう。

＜選択肢問題９＞

次のうち、訴えが適法であるものとして最も適当なものはどれか。

1　賭博で負けた金の支払を求める訴え
2　訴えを提起しないことにするという合意に反して提起された訴え
3　給付の訴えが可能な請求権について提起された請求権確認の訴え
4　債権者代位訴訟で、原告が債務者に対して有すると主張する債権が不存在である場合

正解は１です。以下、訴訟要件についてお話ししながら、確認していきましょう。

1　意　義

前述（46頁以下）のように、例えば、未成年者が自ら訴えを提起した場合、そのことを知った裁判所は補正を命じるわけですが、それにもかかわらず補正がされないときには、原告である未成年者が主張する権利が認められるかどうかについて判断するまでもなく、訴えそのものが不適法であることになります。そして、**訴えが不適法である場合には、訴え却下**という門前払いの判決がなされることになります（請求却下とは言いませんので、注意して下さい）。

このように、訴えが提起された場合、裁判所は、原告が主張する権利（訴訟物）について判断する前に、まず訴えの提起自体が適法かどうかを一定の要件の審査という形で判断して、１つでも要件が欠ける場合には不適法な訴えとして排除する必要があるわけです。つまり、訴えの提起そのものが一定の要件を備えたきちんとしたものでなかったら、裁判所は訴えの内容については判断しない、というシステムになっているのです。

そのような一定の要件は、訴訟要件と呼ばれます。訴訟物について判断した請求認容判決や請求棄却判決のことを本案判決と言いますから、**訴訟要件**

は、**本案判決するための要件**ということになります。

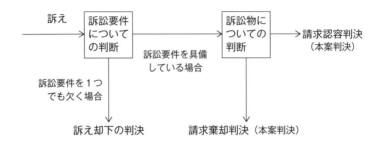

　訴訟要件には、すでにお話ししたものとして、管轄権、有効な訴え提起、当事者能力などがあります（ただし、管轄権がない場合には、管轄権のある裁判所に訴訟が移送されることになります）。そのほか、とくに重要な訴訟要件として、訴えの利益、当事者適格などがありますから、ここではとくにこの2つについて取り上げることにします。

2　訴えの利益

　訴えの利益というのは、その訴えについて本案判決をする必要性とその実際上の効果が認められることを意味します。本案判決する必要性やその実際上の効果が認められない場合は、その訴訟はいわば無駄ということになりますから、その訴えは訴えの利益がなく不適法であるとして、訴訟物についての審理を打ち切ることになります。例えば、給付の訴えを全部認容した判決が確定した場合、その後に同じ給付の訴えを提起しても、それには訴えの利益がないと考えられます。

　選択肢問題9の選択肢2の**不起訴の合意**ですが、そのような合意自体は有効であると考えられています。そして、その合意に反して提起された訴えをどう処理するのかといいますと、当事者間でそういう合意がされていたというのであれば、やはり訴えは門前払いにしていいと考えられています。その理由について、通説は、**訴えの利益がない**からだとしています。不起訴の合意によって、訴えを提起して判決を取得して紛争を解決するという利益を放棄していて、本案判決をする必要性がないと言えるでしょう。

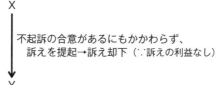

X

不起訴の合意があるにもかかわらず、
訴えを提起→訴え却下（∵訴えの利益なし）

Y

　訴えの利益は、確認の訴えでは、とくに問題となります。何かを確認するという場合の確認の対象には何でもなり得るわけで、そのままでは無限定すぎます。そこで、裁判所が訴訟手続で確認する以上、裁判所の役割としてふさわしいかどうかという観点から、**紛争解決に実質的に役立つ場合に限定せざるをえない**のです。被告が合理的な紛争解決にならないような訴えに応訴しないで済むようにする必要もあります。確認の訴えの利益は、**確認の利益**とも呼ばれます。

　そこで、選択肢問題 9 の選択肢 3 を見ますと、「**給付の訴えが可能な請求権について提起された請求権確認の訴え**」ということですが、これは、**むしろ給付の訴えを提起すべきで、確認の訴えで審理判断を求めるのは合理性がない**と考えられます。なぜかというと、原告が給付判決を取得した場合には権利を確認してもらえるとともに被告に対して強制執行をすることができるのに対して、原告が請求権を確認する判決を取得しただけでは強制執行をすることができませんから、どうせ訴訟手続を使うのであれば給付の訴えを提起する方が合理的だと考えられるからです。

	請求権の確認	強制執行
請求権を主張した給付の訴えで勝訴した場合	○	○
請求権についての確認の訴えで勝訴した場合	○	×

　選択肢の 1 は、「賭博で負けた金の支払を求める訴え」ですが、これは、訴えを提起できる正当な利益がないとして一見不適法な訴えであるかのように見えます。しかし、原告は公序良俗違反（民法 90 条）の無効の契約に基づいて権利を主張しているわけですから、これは、権利が認められずに請求棄却になるという話で、訴え提起行為が適法かどうかという問題とは一応別

のことになります。そこで、普通の考え方では，この1が正解になります。

3 当事者適格

(1) 意 義

当事者適格というのは、特定の権利または法律関係について、訴訟追行して本案判決を求めることができる資格を言います。原告になるべき人が原告になっているか、被告になるべき人が被告になっているかを問題にするもので、そういう人が当事者になっている場合に、当事者適格ありとするわけです。当事者としてふさわしい人が当事者になっていないのであれば、その訴えは、当事者適格の要件を満たさないものとして不適法である、と判断されることになります。原告と被告とに分けて、原告適格、被告適格と言うこともあります。

(2) 第三者の訴訟担当

ア 法定訴訟担当

選択肢問題9の選択肢4は、「**債権者代位訴訟で、原告が債務者に対して有すると主張する債権が不存在である場合**」というもので、債権者代位訴訟が問題になっています。**債権者代位訴訟は、債権者代位権に基づくもの**で、これは、例えば、AさんがBさんに対して金銭債権（下図の α 債権）を持っていて、BさんもCさんに対して金銭債権（β債権）を持っていて、BさんがAさんに支払わないままCさんに対する権利を行使しようとしない場合には、Bさんが無資力であれば、AさんがBさんのCさんに対する権利（β債権）を行使できるというものです（民法423条以下）。債権者代位訴訟では、Aさんが原告、Cさんが被告になって、AさんがBさんのCさんに対する権利（β債権）を行使しますから、Bさんのその権利が訴訟物となります。訴訟物の権利の主体でないAさんが原告となれるというのは、**債権者代位権があるためにAさんに当事者適格（原告適格）が認められる**からです。

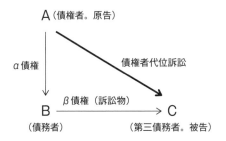

　このように、権利義務の主体が訴訟の当事者となるのではなく、第三者が
その権利義務について訴訟の当事者として判断を受けることが認められる場
合は、**第三者の訴訟担当**または単に**訴訟担当**と呼ばれています。訴訟担当に
は、①法定訴訟担当（法律の定めに基づく場合）と、②任意的訴訟担当（権利
義務の主体からの授権に基づく場合）とがありますが、債権者代位訴訟は、民
法の規定に基づくものですから、法定訴訟担当に分類されます。

　選択肢の4は、AさんのBさんに対する権利（α債権）が不存在である場
合ということですから、その場合には、Aさんの債権者代位権は認められま
せん。そうすると、Aさんは、BさんのCさんに対する権利（β債権）を主
張して訴訟をする当事者適格がないことになります。したがって、**4は、当
事者適格という訴訟要件を欠くために、訴えが不適法だということになるわけ
です。** Bが無資力でないという場合も同じです。これに対して、BのCに対す
る債権（β債権）だけが不存在という場合には、これは訴訟物についての判
断ということですから、訴えが不適法として却下されるのではなく、訴えは
適法であるということを前提に請求棄却の判決がなされる、ということにな
ります。

　イ　任意的訴訟担当

　　(ア)　選定当事者の制度

　任意的訴訟担当は、前述のように、**被担当者からの授権に基づく訴訟担当**で
すが、民事訴訟法上の制度として**選定当事者**の制度があります（30条）。

　これは、例えば、同一事故を主張して不法行為に基づく損害賠償を請求す
る多数の被害者がいる場合のように、複数の人が「共同の利益」を有する場
合に、代表者1人または数人（選定当事者）に訴訟を任せて、任せた人（選
定者）はその訴訟の結果に服する、という制度です。つまり、選定した者
（下図のBら）が選定者で被担当者となり、選定された者（A）が選定当事者

として訴訟担当者となって訴訟を行い、選定当事者の受けた判決の効力は選定者（Bら）に及ぶ（115条。後述148頁）とされるのです。これにより、訴訟が単純化できることになるわけです。

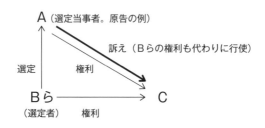

　(イ)　法律の規定のない任意的訴訟担当

　任意的訴訟担当については、法律で規定されている場合以外にどのような場合に認められるのかも、問題とされています。もし任意的訴訟担当を無制限に認めてしまうと、自分の権利について他の人に訴訟を行ってもらうことを認めることになりますから、とくに、前述の弁護士代理の原則（54条1項本文。49頁）や、「信託は、訴訟行為をさせることを主たる目的としてすることができない。」と規定する信託法10条の訴訟信託の禁止を潜脱することになるのではないか、ということが問題となるわけです。

　これについては、判例があり、一般論として、＜選定当事者の制度は、任意的訴訟担当が許容される原則的な場合であるが、それ以外でも、**①弁護士代理の原則や訴訟信託の禁止の制限を回避、潜脱するおそれがなく、かつ、②これを認める合理的必要がある場合には、許される**＞旨を説いています。

4　確認問題（正誤問題）

　まとめとして、確認問題（正誤問題）を掲げておきます。

1　訴えが訴訟要件を欠いて不適法である場合には、請求棄却の判決がなされる。

2　訴えの利益とは、原告が勝訴した場合の経済的利益のことである。

3　不起訴の合意に反して提起された訴えは、訴えの利益を欠く。

4　債権者代位訴訟の場合、原告の債務者に対する権利の存在や債務者の無資力は、原告適格を基礎づける。

1は、×です。訴え却下の判決となります。

　2も、×です。その訴えについて本案判決をする必要性とその実際上の効果が認められることを意味します。

　3は、○です。通説的な理解では、訴えの利益を欠くとされます。

　4も、○です。一方でも欠けると、原告には当事者適格がないことになり、訴えが不適法になります。

第6章 訴訟手続の進行

1 職権進行主義

　現行法では、訴訟手続の進行について、**職権進行主義**という考え方が採られています。これは、例えば、口頭弁論の期日は裁判長が定めるものとされる（93条1項）などのように、手続の進行の主導権を裁判所に認める考え方です。そうしないと、訴訟がだらだらと続いてなかなか終わらないようなことも起こりえるからです。手続を主宰する裁判所または裁判官の権能は、**訴訟指揮権**と呼ばれます。

　しかし、民事訴訟は私的紛争に係わるものですから、手続の進行に関してなお当事者による関与もある程度認められています。例えば、移送については当事者に**申立権**が認められていますし（16条〜18条）、また、「訴訟手続に関する規定の違反」（90条本文）があれば、当事者はその是正を求めることができます（**責問権**と言います）。

2 手続の進行に関する基礎的概念

(1) 期 日

　民事訴訟では、口頭弁論期日などのように**期日**という言葉が頻繁に出てきますが、期日とは、審理等のために日時と場所で指定される「場」のことを言います。日にちだけではなく時刻というものも問題になりますし、特定の法廷等ということで場所も問題になります。これは、期日というもともと時間的な概念であるものを、空間的な面にまで広げて意味することにしたものです。これと対照的な卑近な例として、大相撲でいう「場所」という言葉が、もともと空間的な概念であるのに一定の時間も意味することになっているのは、興味深いように思います。

　期日については、前述のように、93条1項が、「期日は、申立てにより又は職権で、**裁判長が指定する。**」と規定しています（実際には、可能な限り当事者の都合も聞いた上で指定しています。「職権で」というのは、当事者からの申立てがなくても、という意味です）。いったん指定された期日についても、変更することがありえますが、容易に変更できるとなると訴訟遅延の原因となる

ので、**原則として「顕著な事由」がある場合に限り変更が許される**など、厳しく制限されています（同条3項・4項）。

　実務上は、最初の期日は別にして、ある期日に両当事者が法廷に出頭していれば、その期日の審理が済んだ後に、その場で次回期日をいつにするかを話し合い、裁判長（単独制ではその裁判官）が決める（それによって、同時に両当事者に告知していることになる）、というのが日常風景になっています。

(2) 期　　間

　民事訴訟法上、**期間**という言葉もあり、こちらは日常用語と同様に一定の時間の経過を意味します。期間の計算は、民法の期間に関する規定に従って行われます（95条1項）。民法のルールとしては、とくに初日不算入の原則（民法140条）が重要です。

　期間について、民事訴訟法96条1項は、「裁判所は、法定の期間又はその定めた期間を伸長し、又は短縮することができる。ただし、不変期間については、この限りでない。」と規定しています。不変期間の典型例は、控訴期間で、285条本文は、「**控訴は、判決書……の送達を受けた日から二週間の不変期間内に提起しなければならない。**」と規定しています。その期間内に控訴をしないと判決は確定します（116条）。なお、初日不算入から、その期間の起算日は送達を受けた日の翌日になります。

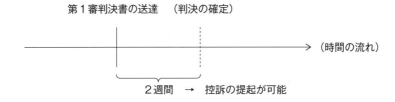

(3) 送　　達

　民事訴訟手続上、書類を関係者に送る正式な手続は、**送達**と呼ばれます。例えば、被告への訴状の送達が典型例です。

　送達事務を取り扱うのは、裁判所書記官と呼ばれる人です（98条2項）。送達は、特別の定めがある場合を除き、郵便または執行官によって行いますが（99条1項）、実際上、ほとんどの場合は、郵便によることになります。た

だし、裁判所に出頭した者については、裁判所書記官が自ら送達をすることもできることになっています（100条）。

　送達の原則的方法は、「送達を受けるべき者に送達すべき書類を交付してする」という**交付送達**ですが（101条）、送達についての次の選択肢問題を考えてみて下さい。

<**選択肢問題 10**>
　次のうち、送達について間違っているものはどれか。
1　送達は、送達を受けるべき者の勤務先においてすることができる場合もある。
2　送達を受けるべき者の住所において送達しようとする場合、その住所に本人が不在で本人の妻がいるにすぎないときでも、送達は可能である。
3　送達を受けるべき者が、自宅にいながら居留守を使って書類を事実上受け取らないような場合には、改めて郵便で送った書類がその自宅の郵便受けに入った時点で、送達の効力が生じる。
4　送達を受けるべき者が、行方不明になっている場合でも、送達は可能である。

　正解は、3です。
　まず、前提を確認しておきたいと思います。104条1項前段は、「当事者……は、**送達を受けるべき場所（日本国内に限る。）を受訴裁判所に届け出なければならない。**」と規定していますので、もしそのような届出があれば、最優先にその場所に送達されることになります。そのような届出がない場合に限って、本人の住所等において送達することになります。
　選択肢の1ですが、住所が分からないけれども勤務先が分かるというよ

うな場合については、103条2項前段が、「……、送達は、送達を受けるべき者が雇用、委任その他の法律上の行為に基づき就業する他人の住所等（以下「就業場所」という。）においてすることができる。」と規定しています。ですから、1は正しいことになります。

　選択肢の2は、本人の妻に書類を交付することによって送達することができます。このような場合の送達は、**補充送達**と呼ばれます。106条1項前段は、「就業場所以外の場所において送達を受けるべき者に出会わないときは、使用人その他の従業者又は同居者であって、書類の受領について相当のわきまえのあるものに書類を交付することができる。」と規定しています。本人の妻は、「同居者であって、書類の受領について相当のわきまえのあるもの」に該当するでしょう。

　選択肢の3ですが、これが間違いですので、選択肢問題10の正解ということになります。3のように、送達を受けるべき者が、自宅にいながら居留守を使って書類を事実上受け取らないような場合には、「**書留郵便等に付する送達**」（実務上、「**付郵便送達**」とか「**付郵便**」とも言われます。）が使われ、この場合には、届いた時ではなく、**発送の時に送達があったものとみなされる**（107条3項）ことになっています。書留郵便かこれに準じたものですので、書類自体が郵便受けに入ることもないでしょう。ただし、この送達方法は、郵便によるか執行官によるかという区別の「郵便による送達」（99条）とは違う話ですので、注意が必要です（郵便による送達は、通常の場合に行われるものですが、書留郵便等に付する送達は、一定の例外的な場合に裁判所書記官によって行われ、発送時に送達が擬制されるという特別の効果を持つものです）。

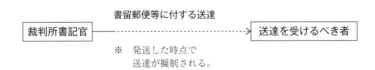

　選択肢の4は、**公示送達**という特殊な送達方法が可能です（110条以下）。これは、「裁判所書記官が送達すべき書類を保管し、いつでも送達を受けるべき者に交付すべき旨**裁判所の掲示場に掲示**してする。」（111条）というものです。実際にその掲示を見て裁判所書記官から書類の交付を受ける人はほとんどいないでしょうが、一応そのような公示によって送達したと擬制す

る、というものです。

⑷ 訴訟手続の停止
訴訟手続の停止には、⑴**訴訟手続の中断**と⑵**訴訟手続の中止**とがあります。例えば、当事者が死亡した場合に、相続人等が訴訟を受け継ぐ必要があり、その準備のために訴訟手続は中断します（124条1項1号）。ただし、訴訟代理人が付いている場合には、準備は不要ですので中断しないことになっています（同条2項）。また、訴訟手続の中止は、例えば、天災等で裁判所が職務執行不能であるような場合に生じます（130条以下）。

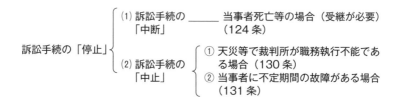

3 確認問題（正誤問題）
まとめとして、確認問題（正誤問題）を掲げておきます。

1 　民事訴訟は職権進行主義で行われるから、手続の進行に当事者が関与することはない。
2 　いったん決められた期日を変更することは、基本的に厳しく制限されている。
3 　付郵便送達の場合は、発送の時に送達があったものとみなされる。
4 　当事者が死亡した場合は、訴訟手続は必ず中断する。

　1は、×です。職権進行主義ではあっても、各種申立権や責問権など、当事者がある程度手続の進行に関与することはできることになっています。
　2は、○です。訴訟遅延防止のためです。ただし、最初の期日を変更する場合については、当事者間の合意があれば当然に許されるものとされています（93条3項ただし書）。
　3も、○です。そういう特別の効果が生じる送達方法です。107条3項。

4は、×です。当事者に訴訟代理人が付いている場合は、中断しません。

第7章 口頭弁論とその準備

<small>第</small>**7**<small>章</small>

1 口頭弁論

　裁判官、原告、被告が法廷で初めて一堂に会する第1回口頭弁論の期日では、訴状の陳述から審理が始まります。訴状の陳述については、実務上、裁判官から原告に対して「訴状を陳述しますか。」との問いかけがあり、原告が「はい。」や「陳述します。」などと述べると訴状の記載内容を陳述したものと扱う、ということになっています。被告が原告の言い分を争う場合は、通常は1回の口頭弁論では審理を尽くすことができませんので、その後、必要な回数の口頭弁論が開かれることになります。第2回以降の期日は続行期日と呼ばれます。なお、口「答」弁論などと誤記しないように注意して下さい。

(1) 必要的口頭弁論の原則

　87条1項本文は、「当事者は、訴訟について、裁判所において口頭弁論をしなければならない。」と規定しています。これは、むしろその前提として裁判所が口頭弁論を開かなければならないということを意味するものと考えられ、**必要的口頭弁論の原則**と呼ばれています。つまり、**当事者にとっては、口頭弁論を開いて審理がされることが保障されている**ことになります。

　ただし、例外も認められています。これについて、次の選択肢問題を考えていただきましょう。

<選択肢問題11>
　次のうち、必要的口頭弁論の原則の例外と言えるものはどれか。
1　原告が訴状で主張している事実について、被告が口頭弁論の前に提出した書面ですべて認めている場合は、口頭弁論を開く必要がない。
2　訴えが不適法でその不備を補正することができないときは、口頭弁論を開く必要がない。
3　訴訟の当事者が互譲により訴訟上の和解をする場合、口頭弁論を開く必要はない。

4　弁論準備手続は、公開する必要がないから、口頭弁論を開く必要は
　ない。

　正解は、2です。
　140条は、「訴えが不適法でその不備を補正することができないときは、
裁判所は、口頭弁論を経ないで、判決で、訴えを却下することができる。」
と規定しています。訴え自体が不適法であることがはっきりしているのであ
れば、必ずしも口頭弁論を開く必要はないだろう、ということです。必要的
口頭弁論の原則があるからこそ、とくに「口頭弁論を経ないで」と規定して
いるのです。もちろん、口頭弁論を開いて訴訟要件が欠けていることを確認
した上で訴えを却下する場合もあります。140条以外にも必要的口頭弁論の
例外はありますが、省略します。
　選択肢の1は、そもそも内容的に間違いです。訴状に書いてあることや
期日前に提出された書面に書いてあることは、後述（66頁）するように口
頭主義から口頭弁論で陳述されたものだけが判断資料になりますので、口頭
弁論を開かないことには考慮できませんし、140条のような例外規定も認め
られていませんから、口頭弁論を開かざるをえないことになります。なお、
被告が原告の主張を全く争わないのであれば、第1回口頭弁論ですぐに口
頭弁論が終結されることにはなるでしょう。被告が敗訴と同様の結果を認め
る請求の認諾（後述125頁）もありうるかもしれません。
　選択肢の3は、訴訟上の和解（後述127頁）でそもそも訴訟自体ではあり
ませんので、口頭弁論を開く必要はありません。必要的口頭弁論の原則の例
外ですらないということになります。ただし、口頭弁論において訴訟上の和
解をすることも可能です。
　選択肢4の弁論準備手続（後述74頁）は、訴訟手続ではありますが、ま
さに口頭弁論の準備を行う手続ですから、口頭弁論を開く必要がないのは当
然です。その意味で、これも必要的口頭弁論の原則の例外ですらないことに
なります。

(2)　審理方式に関する諸原則
　口頭弁論を開く場合には、そこでどのような手続の進め方をすべきである
のか、ということが問題となります。これが、審理方式に関する諸原則の問
題です。

ア　公開主義

　まず、公正な手続であることを保障するため、**口頭弁論は公開されなければならない**ことになっています。これが**公開主義**で、憲法上の要請です（憲法82条1項）。

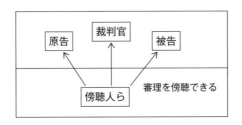

　現行法では、訴訟記録についても公開性が貫かれており、民事訴訟法91条1項は、「何人も、裁判所書記官に対し、訴訟記録の閲覧を請求することができる。」と規定しています（「何人」は、もちろん「なんにん」ではなく「なんぴと」か「なんびと」です）。ただし、例外の規定もあります（91条2項等）。ここでいう「訴訟記録」とは、訴訟ごとに裁判所に備え置かれている関係書類一式とでも言うべきものです。つまり、裁判所では、各訴訟ごとに、その訴訟に関する一定の網羅的な書類（裁判所書記官が口頭弁論の経過や内容を記録した口頭弁論調書や、当事者が提出した訴状、後述する準備書面〔72頁〕、証拠書類など）が、一体のものとして綴じられ保管されていますが、その綴じられた書類全体（ファイル）のことを「訴訟記録」と言っています。実務上は「一件記録」とか「記録」とも呼ばれています。

イ　口頭主義

　民事訴訟法は、**「口頭で陳述したもの」だけが判決の基礎資料となる**という**口頭主義**を採用しています。ただし、訴えの提起等の重要な訴訟行為については、明確性、確実性の観点から、書面の作成が要求されています。

　さらに、訴状などの書面について、「陳述します。」と言うだけでその書面の記載内容が陳述されたとみなす、という実務慣行からは、口頭主義が全く形骸化しているという指摘もありますが、「口頭で陳述したとされるもの」だけが判決の基礎資料になるという意味では、建前は一応守られていると言えます。

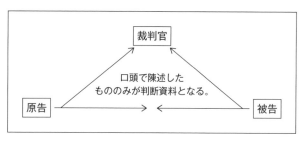

ウ　双方審尋主義

　双方審尋主義は、**当事者双方から公平に言い分を聴かなければならないという**もので、当事者対等の原則、武器平等の原則とも言います。訴訟手続の中断・中止の制度（124条以下。62頁）は、手続に十分な関与ができない場合には手続を進めないというもので、双方審尋主義を実質的に保障するものであると言えます。

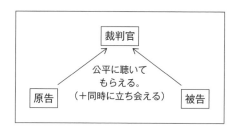

　なお、公平に言い分が聞かれているかどうかが当事者に分からなければ、双方審尋主義は損なわれかねませんから、双方審尋主義の派生原理として、期日に当事者双方が同時に立ち会うことができるということも必要である、と考えられます。

エ　集中審理主義

　集中審理主義は、**1つの訴訟事件について必要な回数の口頭弁論を継続的集中的に行って審理し、その事件が終了してから別の事件について同様に審理するという主義**で、本来それが望ましいとも言われます。しかし、実務上は、多数の事件があることから、複数の訴訟の審理を併行して進める**併行審理主義**的な運用がされ、それぞれの訴訟事件について例えば1か月に1回程度のペースで期日が設けられる、というような審理形式になっています。

　なお、証拠調べについては、182条が、「証人及び当事者本人の尋問は、

できる限り、争点及び証拠の整理が終了した後に集中して行わなければならない。」として集中証拠調べを規定していて、この点は、実務上も、これに添った運用がされていると言えます。

オ　直接主義

249条1項は、「判決は、その基本となる口頭弁論に関与した裁判官がする。」として、**直接主義**を規定しています。これは、**口頭弁論に関与した裁判官が判決の内容を決定する、**というものです。民事訴訟では、口頭弁論で証人尋問を含めて審理がなされるわけで、それを聞いていない裁判官が判決の内容を決定するのはおかしいではないか、というわけです。

しかし、直接主義といっても、裁判官の転勤その他の事情によって裁判官が審理の途中で交替せざるを得ないこともありますので、249条2項で、「裁判官が代わった場合には、当事者は、従前の口頭弁論の結果を陳述しなければならない。」として、新たに担当になった裁判官に引き継がれることにしています。この手続は、「**弁論の更新**」と呼ばれます。ただし、実務上は、法廷で、裁判官の方で「裁判官が代わりましたが、従前のとおりということでよろしいですね。」などと言って、当事者ないし訴訟代理人が黙示に了承するという形で行われることが多く、口頭主義についてと同様に、ここでも事件数等から形骸化せざるを得ない現実があります。

証人尋問については、直接に見聞きした印象がとくに重要となりますので、裁判官が代わった場合の再度の尋問も必要となります。そこで、249条3項は、「単独の裁判官が代わった場合又は合議体の裁判官の過半数が代わった場合において、その前に尋問をした証人について、当事者が更に尋問の申出をしたときは、裁判所は、その尋問をしなければならない。」と規定しています。

(3) 適時提出主義

　156条は、「攻撃又は防御の方法は、訴訟の進行状況に応じ適切な時期に提出しなければならない。」と規定していて、これは**適時提出主義**と呼ばれています。攻撃方法とは、原告の請求が認められるようにするための原告の陳述（請求原因の主張等）と証拠の申出で、防御方法とは、原告の請求が認められないようにするための被告の陳述（請求原因の否認、抗弁の主張等。抗弁は、後述〔91頁〕するように、請求原因と両立する被告側の主張で例えば金銭請求に対する弁済の主張が典型例です。）と証拠の申出で、併せて**攻撃防御方法**と言います。

　この制度を支えるより具体的な制度の1つが、**時機に後れた攻撃防御方法の却下**です。157条1項は、「当事者が故意又は重大な過失により時機に後れて提出した攻撃又は防御の方法については、これにより訴訟の完結を遅延させることとなると認めたときは、裁判所は、申立てにより又は職権で、却下の決定をすることができる。」と規定しています。これは、あまりにも遅い段階で提出された攻撃防御方法は、審理の進行の妨げとなるので、裁判所は場合によっては却下してよい、というものです。ただ、実務上は、時機に後れたとして却下するのにかなり慎重なことが多いようです。

(4) その他

ア　当事者の欠席

　当事者が口頭弁論期日に欠席した場合にどうなるのかについては、まず、選択肢問題を見ていただきましょう。

＜選択肢問題12＞

　次のうち、当事者の欠席について正しいものはどれか。

1　当事者の一方が口頭弁論期日に欠席した場合、直ちにその者の敗訴となる。

2　第1回口頭弁論期日に原告は出席したが被告は欠席したという場合、被告がそれまでに提出した書面に記載された内容は、裁判所の判断資料とならない。

3　簡易裁判所では、どの口頭弁論期日についても、期日に欠席した一方当事者があらかじめ提出した書面の記載内容は、裁判所の判断資料となる。

> 4 当事者双方が口頭弁論期日に欠席した場合で、その日のうちに裁判所に何の連絡もないときには、両者に訴訟追行の意欲がないと認められるから、その日をもって訴えは取り下げられたものとみなされる。

　正解は3です。

　当事者が口頭弁論に欠席した場合については、当事者の一方のみが欠席した場合と双方とも欠席した場合とに分けて考える必要があります。

　一方のみが欠席した場合、欠席したことによって、相手方の主張を認めたとみなされたり（擬制自白と言います。後述94頁）、自分の主張を十分主張できなかったりして敗訴する可能性は高まることにはなるでしょうが、欠席したというだけの理由で直ちに敗訴となってしまうということはありません。したがって、選択肢の1は間違いです。

　一方のみが欠席した場合でも、むしろ、**最初にすべき口頭弁論の期日においては、裁判所は、欠席者が提出した訴状、答弁書その他の準備書面**（後述72頁）**の記載事項を陳述したものとみなし（陳述擬制）、出頭した相手方に弁論をさせることができる**ことになっています（158条）。これは、口頭主義から、もし原告欠席の場合に訴状について陳述の擬制をしないとすると、審判の対象さえ提示されないことになって審理が進まないことになり、そのために原告欠席の場合に陳述擬制をするのであれば、当事者平等の観点から被告にも同一の扱いをする必要がある、と考えられたからです。そうすると、選択肢の2も間違いということになります。

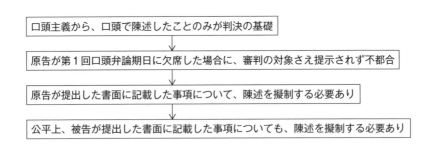

　158条の反対解釈から、**続行期日においては、欠席者の陳述擬制が認められません**。また、そうしないと口頭主義が形骸化してしまうことになるからでもあります。ただし、**簡易裁判所では**、訴訟の規模から当事者の負担軽減が

優先され、**続行期日についても陳述擬制の規定の適用があります**（277条）。そうすると、選択肢の3は、正しいことになります。

　当事者の双方が口頭弁論に欠席した場合は、当事者双方に訴訟を追行する十分な意思が認められませんので、**1か月以内に期日指定の申立てがなければ、訴えの取下げがあったものとみなされます**（訴えの取下げの擬制。263条前段）。その1か月の間は、実務上、休止と呼ばれています。**連続して2回の不出頭の場合も、訴えの取下げが擬制されます**（同条後段）。したがって、選択肢の4は、間違いということになります。

イ　口頭弁論の制限・分離・併合

　152条は、「裁判所は、口頭弁論の制限、分離若しくは併合を命じ、又はその命令を取り消すことができる。」と規定しています。口頭弁論の制限、分離、併合は、一般に「弁論の制限」「弁論の分離」「弁論の併合」と呼ばれています。いずれも、裁判所の裁量で審理を整序するためのものです。

① 弁論の制限

　弁論の制限は、口頭弁論期日の審理を、複数の争点のうちの特定のもの、または（複数の請求が併合されている場合に）複数の請求のうちの特定のものに限定することを言います。

② 弁論の分離

　弁論の分離は、複数の請求が併合されている場合に、ある請求を別の手続で審理することにする、というものです。弁論の分離と言っても、実質は訴訟を分けることを意味するわけです。

③ 弁論の併合

　弁論の併合は、同一の国法上の意味の裁判所（17頁）に係属している別々の請求を、同一の訴訟手続で審理することにする、というものです。したがって、例えば東京地方裁判所に係属している訴訟事件と横浜地方裁判所に係属している訴訟事件とについて弁論の併合をすることはできないことになります。弁論の併合も、実質は訴訟の併合です。

　弁論の併合については、例えば、原告がAで被告がBである訴訟と、原告がAで被告がCである訴訟というように、**当事者の異なる2つの訴訟事件について弁論の併合があった場合でも、一方の事件においてすでにされた証拠調べの結果は、当然に他方の事件の証拠資料になる**、と考えられています（判例）。

※ Cは、AB間の証人尋問に立ち会っていない。

※ AB間の証人尋問の結果はCについての証拠になる。ただし、Cが申立てをすれば、尋問の機会が与えられる。

　ただし、152条2項は、併合「の前に尋問をした証人について、尋問の機会がなかった当事者が尋問の申出をしたときは、その尋問をしなければならない。」として、尋問の機会のなかった当事者に尋問の機会を保障しています。

2　口頭弁論の準備

(1)　準備書面

　161条は、1項で、「口頭弁論は、書面で準備しなければならない。」と規定し、2項で、**準備書面**には、「攻撃又は防御の方法」と「相手方の請求及び攻撃又は防御の方法に対する陳述」を記載しなければならない、としています（攻撃防御方法については前述69頁）。つまり、準備書面には、**＜次回の口頭弁論で主張する予定のことを記載して、裁判所と相手方に予告する＞という意味がある**ことになります（被告の最初の準備書面は、**答弁書**と呼ばれます）。それによって、裁判所は、訴訟の進行のあり方をあらかじめ検討することができますし、相手方も、次回期日までにその主張に対する対応を考えておくことができますので、次回の口頭弁論が、そのような予告がない場合に比べて、より充実し合理的に進むことが期待できるわけです。

　また、実際上も、もし当事者がいきなり法廷で多量で複雑な主張をするとなると、相手方や裁判官が聴いてすぐに理解するのが困難なこともありますし、裁判所書記官がそれを正確に記録するという大変な手間と時間がかかることにもなってしまいます。それに比べて、準備書面であらかじめ書面化して提出してもらうと、それらの事態を回避することができ、その後も、当事者の主張内容を準備書面という形でそのまま維持、保存することができることになります。準備書面は、もちろん実務上ごく普通に使われる制度です。

　口頭弁論では、口頭主義（前述66頁）から、当事者は準備書面に記載し

たことを改めて口頭で陳述しなければならないわけですが、この場合も、実務上は、訴状についてと同様に、「準備書面を陳述します。」という一言で、準備書面に記載されたことが口頭で陳述されたことになる、と扱われています（前述66頁）。

　民事訴訟規則は、準備書面一般の記載事項についても、訴状についての規律（前述28頁以下。規則53条2項・1項）と似た形で、「**できる限り、請求を理由づける事実、抗弁事実又は再抗弁事実についての主張とこれらに関連する事実についての主張とを区別して記載しなければならない**」こと（規則79条2項）（抗弁、再抗弁については、後述91頁以下）、その場合に「**立証を要する事由ごとに、証拠を記載しなければならない**」こと（同条4項）としています。とくに注目されるのは、「準備書面において**相手方の主張する事実を否認する場合には、その理由を記載しなければならない**」としていることです（同条3項）。

　準備書面は、裁判所に対する提出についても相手方に対する直送についても、ファックスによることが可能で（規則3条、47条1項）、実務上も、弁護士がファックスを日常的に多用しています。

　準備書面を提出していない場合にどういうデメリットがあるのかという点ですが、準備書面を提出していない当事者が口頭弁論に出席し、**相手方が欠席したときには、出席した当事者は、事実の主張ができないことになります**。それは、民事訴訟法161条3項が、「相手方が在廷していない口頭弁論においては、準備書面（相手方に送達されたもの又は相手方からその準備書面を受領した旨を記載した書面が提出されたものに限る。）に記載した事実でなければ、主張することができない。」（括弧内は条文のまま）と規定しているからです。欠席した相手方としては、主張を予告する準備書面が来ていない以上、予告のない事実は口頭弁論で主張されるとは思っていないだろう、ということです。

(2)　当事者照会等

　163 条は、本文で、「訴訟の係属中、相手方に対し、主張又は立証を準備するために必要な事項について、相当の期間を定めて、書面で回答するよう、書面で照会をすることができる」と規定し、ただし書で、例外の場合を列挙しています（同条各号）。この**当事者照会**の制度も、口頭弁論の準備のための制度と言えるでしょう。また、訴え提起前についても、当事者照会と似た制度が設けられている（132 条の 2 および 3）ほか、一定の証拠収集のための制度も用意されています（132 条の 4 以下）。しかし、これらは、いずれもあまり利用されていないようです。

　これに対して、民事訴訟法外の制度ですが、弁護士が弁護士会に申し出て、弁護士会が公務所や公私の団体に照会するという**弁護士会照会**（弁護士法 23 条の 2）の制度は、情報獲得のための重要な手段となっています。

(3)　争点および証拠の整理手続

ア　意　義

　争点および証拠の整理手続は、略して「**争点整理手続**」や「**争点整理**」とも呼ばれ、民事訴訟において非常に重要な制度となっています。

　この場合の「争点」というのは、自衛隊が憲法違反かどうかとか、条文の解釈論上の学説の争点というようなことよりも、訴訟で問題となる一定の事実があったかなかったかについての言い分の違い、ということが主として念頭に置かれています。例えば、貸金返還請求で、金銭を貸したかどうか、弁済があったかどうかというような点について原告と被告との間で言い分が違えば、それが争点ということになります。このように、争点整理とは、**事実関係についての当事者間の言い分の違いを整理して、とくに、その後の段階において行われる証人尋問や当事者尋問によってどのような事実について審理するかを明確にしておく**、というものです。また、**証人尋問や当事者尋問の要否を判断するほか、証人の範囲、尋問時間などについて当事者との協議の上で絞り込んでおくことも行われます。**

イ　弁論準備手続

　争点整理手続には、民事訴訟法上、①準備的口頭弁論、②弁論準備手続、③書面による準備手続、という 3 種類のものがありますが、その中の**弁論準備手続**が、一般的で最も重要な制度ですので、ここではこれについてだけ取り上げておくことにします。

(ｱ)　手続の開始

　弁論準備手続の開始は、裁判所が当事者の意見を聴いて決めます（168条）。弁論準備手続を開始することを、条文では「弁論準備手続に付する」と表現しています。

(ｲ)　手続で行う作業

　弁論準備手続においても、期日ごとに当事者にあらかじめ準備書面を提出してもらう（170条1項）のが普通で、それまでの訴状、答弁書、各準備書面をもとに協議し、文書の証拠調べ（同条2項）を行いながら、前述のような争点整理を行うわけです。普通は、法廷ではなく裁判官室近くの小部屋が使われますし、裁判官も法服を着ませんので、あまり形式張らない雰囲気で行われます。予定される時間は、1つの訴訟について30分が普通です。

(ｳ)　ウェブ会議等の利用

　最近の改正で、弁論準備手続は、裁判所が、相当と認めるときは、当事者の意見を聴いて、「裁判所及び当事者双方が音声の送受信により同時に通話をすることができる方法」によることができることになりました（170条3項）。従来は、条文上、「当事者が遠隔の地に居住しているとき」が例示され、また当事者の一方が出頭した場合に限っていましたが、改正法はこれらを撤廃しました。上記の方法については、「音声の送受信により」とありますが、電話会議の方法に限らず、ウェブ会議の方法も含むと考えられています。

裁判所　　※　弁論準備手続のやり取りをウェブ
　　　　　　　会議等で行うことができる。

原告――――被告

(ｴ)　手続の終了後

　弁論準備手続が終了すると、口頭弁論に戻りますが、弁論準備手続で行ったことは弁論の準備にすぎず、公開の口頭弁論で行ったものではありませんから、「当事者は、口頭弁論において、弁論準備手続の結果を陳述しなければならない」（173条。口頭弁論への上程と呼ばれます。）ことになっています。ただ、実務上は、裁判官が「弁論準備手続の結果を陳述していただきます。」などと一言述べて当事者に異議がなければそれで済ませるという運用が多いようです。

弁論準備手続の終了後に攻撃防御方法（前述 69 頁）を提出した場合については、**説明義務**が規定されています（174 条による 167 条の準用）。つまり、弁論準備手続で争点整理をする以上、そこで攻撃防御方法をできるだけ提出してもらう必要があったわけですから、**新たに攻撃防御方法を提出したというのであれば、相手方の求めがあるときは、相手方に対し、弁論準備手続の終了前にこれを提出することができなかった理由を説明しなければならない**、とされているわけです。これは、どうしてそれ以前に提出できなかったのかを説明させるというソフトな形で、事後の主張を制限することにしたものです。十分な説明がされない場合には、時機に後れた攻撃防御方法の却下（157 条 1 項）が問題になってきます。

(4) 進行協議期日

民事訴訟規則 95 条以下は、**進行協議期日**の制度を設けています。これは、口頭弁論の審理の充実を目的とするもので、「**口頭弁論における証拠調べと争点との関係の確認その他訴訟の進行に関し必要な事項についての協議を行う**」というものです。ただし、弁論準備手続のような争点および証拠の整理を行う制度ではありませんから、この期日で当事者が主張や証拠の提出をすることはできません。

3 確認問題（正誤問題）

まとめとして、確認問題（正誤問題）を掲げておきます。

1　民事訴訟法では、訴訟について、裁判所は原則として口頭弁論を開かなければならない、という必要的口頭弁論の原則が採られている。

2　判決を作成した裁判官がその判決を直接言い渡すことを、直接主義という。

3　合議体の 1 人の裁判官が代わった場合、その前に尋問をした証人について、当事者がさらに尋問の申出をしたときは、裁判所は、その尋問をしなければならない。

4　攻撃防御方法に関する適時提出主義を支える具体的な制度の 1 つに、時期に遅れた攻撃防御方法の却下というものがある。

5　最初にすべき口頭弁論の期日においては、裁判所は、原告、被告を問わず、欠席した当事者が提出した訴状等の書面に記載された事項を

陳述したものとみなし、相手方に弁論をさせることができる。

6　当事者の双方が口頭弁論に欠席した場合に、1か月以内に期日指定の申立てがなかったり、連続して2回双方が欠席となったときは、訴えの取下げがあったものとみなされる。

7　当事者の異なる2つの訴訟事件について弁論の併合があった場合、一方の事件ですでにされた証拠調べの結果は、当然に他方の事件の証拠資料になる。

8　相手方が在廷していない口頭弁論においては、準備書面に記載した事実でなければ、主張することができない。

9　一方当事者が新たに攻撃防御方法を提出したのが、弁論準備手続が終了した後だった場合でも、相手方は、弁論準備手続の終了前にそれを提出することができなかった理由の説明を求めることはできない。

　1は、○です。87条1項本文から、そう解されています。

　2は、×です。直接主義は、口頭弁論に関与した裁判官が判決内容を決定することで、判決を言い渡すのは別の裁判官でも構いません。

　3も、×です。合議体については、「裁判官の過半数が代わった場合」です（249条3項）。

　4も、厳密に考えて×にしておきましょう。条文（157条）に合わせて、時「機」に「後」れた攻撃防御方法の却下とすべきです。

　5は、○です。158条です。

　6も、○です。263条です。

　7も、○です。判例があります。

　8も、○です。161条3項です。主張できる事実が書かれた準備書面は、相手側にきちんと届いたものである必要があります。条文にも「……準備書面（相手方に送達されたもの又は相手方からその準備書面を受領した旨を記載した書面が提出されたものに限る。）……」とあるわけです。

　9は、×です。174条による167条の準用です。新たに攻撃防御方法を提出した人に、説明義務があります。

第8章 弁論主義

　訴訟では、原告の権利が発生したり消滅したりすることを基礎づける事実があったのかなかったのかが、勝敗を決する重要な問題になります。そして、そのような一定の事実があったかどうかを認定するに当たっての重要なルールが、**弁論主義**です。

　とりあえず、選択肢問題を見ていただきましょう。

＜選択肢問題 13 ＞

　次のうち、貸金返還請求訴訟における裁判所による事実の認定に関して許されるのはどれか。

1　被告がすでに支払ったという弁済の主張をしていないのに、裁判所が、原告の貸金返還請求権が消滅したと判断する前提として、証拠から弁済があったと認定すること

2　原告から被告への金銭の交付があったことを述べているのが原告ではなく被告であるのに、裁判所が、消費貸借契約が成立したと判断する前提として、証拠からそのような交付があったと認定すること

3　原告被告の双方が、原告から被告への金銭の交付があったことを認めているのに、裁判所がその交付の存在を認定しないこと

4　被告が弁済の主張をしたもののその裏付けとなる証拠を提出しないのに、裁判所が第三者から領収書の写しを入手して弁済を認定すること

　正解は2です。以下、弁論主義全体について見ながら、考えていきましょう。

1 意　義

　第1章の4では、「民事訴訟における審理の仕組み」として、権利、事実、証拠という3つのレベルがあることをご説明しました（8頁）。

　簡単に言えば、そのうちの権利つまり訴訟物のレベルを当事者（原告）に任せて、＜原告が、訴訟物を特定して提示することができるし、しなければならない＞というのが、処分権主義でした（36頁）。これに対して、**事実のレベルと証拠のレベルを当事者に任せて、＜当事者が、訴訟物についての判断資料となる事実と証拠を提供することができるし、しなければならない＞というのが、弁論主義**です。民事訴訟では、当事者による事実の主張と証拠の提出を弁論と言いますので、弁論主義という名称はそこから来ているわけです。なお、証拠から事実を認定すること自体は、後述（103頁）する自由心証の問題として、裁判所の役割ということになります。

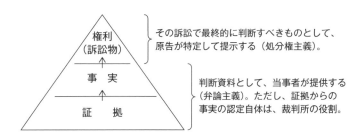

2 内　容

　弁論主義の内容には、次のように3つのものがあります。これは、弁論主義の3テーゼと呼ばれることもあります（テーゼとは命題という意味です）。

(1)　第1テーゼ

　1つ目は、「**当事者が主張しない事実については、裁判所は、それを判決の基礎とすることができない。**」というものです。これは、裁判所が認定する事実の範囲を、当事者が主張した範囲に限るということを意味します。直接の根拠条文はなく、人事訴訟法20条が、「人事訴訟においては、裁判所は、当事者が主張しない事実をしん酌……することができる。」と規定していますので、その反対解釈ということになります。なお、民事訴訟法246条は、「裁判所は、当事者が申し立てていない事項について、判決をすることがで

きない。」と定めていますが、これは前述のように処分権主義についての規定であって、弁論主義の根拠条文ではありません。

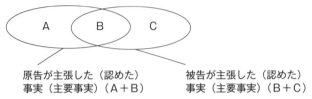

原告が主張した（認めた）　　被告が主張した（認めた）
事実（主要事実）（A＋B）　　事実（主要事実）（B＋C）

※　第1テーゼ：裁判所が認定できる事実は、A＋B＋Cの範囲。
　　　　　　　　その外側の事実は認定することができない。

　この弁論主義第1テーゼによれば、選択肢問題13の選択肢1のように、「被告がすでに支払ったという弁済の主張をしていないのに、裁判所が、原告の貸金返還請求権が消滅したと判断する前提として、証拠から弁済があったと認定すること」は、許されないことになります。

　また、弁論主義は、裁判所と当事者（両当事者）との役割分担の問題ですから、「当事者が主張しない事実」とは、両当事者とも主張していない事実を意味します。**どちらか一方当事者が主張していれば、裁判所は証拠によって認定して判決の基礎とすることができる**わけです。これは、「**主張共通の原則**」と呼ばれています。そうすると、選択肢の2のように、認定されると原告に有利な事実について、たまたま被告が言ってしまっていたという場合にも、事実の主張はあったとされますから、裁判所が証拠からその事実を認定することは許されることになります。したがって、選択肢の2が正解になります。

　そうすると、選択肢の1も、厳密には、原告も弁済の主張をしていないことが前提になるわけですが、原告が直ちに敗訴につながる弁済を主張することは考えにくいでしょう。このように、両当事者ともある事実を主張していないという場合は、その事実が認められることが有利となる当事者（弁済については被告）にとっては、その事実を認定してもらえない、という不利益を受けることになります。これは、「**主張責任**」と呼ばれています。

　なお、ここでいう事実は、権利の発生・変更・消滅を判断するのに直接必要な事実（主要事実）に限られる、と考えられています（後述82頁）。

(2) 第2テーゼ

2つ目は、「**当事者間に争いがない事実については、裁判所は、それをそのまま判決の基礎としなければならない。**」というものです。ここでも、事実は、主要事実に限られると考えられています。ある事実について当事者間に争いがないことは、**（裁判上の）自白**と言います。

選択肢の3では、原告から被告への金銭の交付があった事実は、当事者間に争いがないのですから、裁判所はそれをそのまま判決の基礎としなければならないわけで、裁判所がその交付の存在を認定しないのは許されない、ということになります。

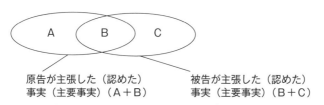

※　第2テーゼ：裁判所は、Bの範囲の事実は、証拠調べをしないで認定しなければならない。

(3) 第3テーゼ

3つ目は、「**当事者が主張したが当事者間に争いがあるという事実については、裁判所が証拠によって認定する場合、事実認定の基礎となる証拠は、当事者が申し出たものに限られる。**」というものです。当事者が申し出たもの以外のものを証拠とすることは、職権証拠調べと呼ばれますから、第3テーゼは、**職権証拠調べの禁止**ということになります。証拠から何を読み取るのかは裁判所に任されていますが、証拠の提出までは当事者に任されているわけです。

そうすると、選択肢の4のように、裁判所が勝手に第三者から領収書の写しを入手して弁済を認定するようなことは、許されないことになります。

ただし、第3テーゼについては、当事者の申出がなくてもできる調査嘱託（186条）や当事者尋問（207条以下）のような例外も、条文上比較的多く認められています。

主張の有無	事実の存在についての当事者間の争いの有無	弁論主義による扱い
両当事者とも主張しない事実		判決の基礎とできない。（第1テーゼ）
少なくともどちらか一方の当事者が主張した事実	当事者間に争いがない場合	判決の基礎としなければならない。（第2テーゼ）
	当事者間に争いがある場合	認定の基礎となる証拠は当事者が申し出たものに限られる。（第3テーゼ）

3 主要事実、間接事実、補助事実との関係

　一般に、訴訟において意味を持つ事実には、次の3つの種類があると考えられています。

① **主要事実**（権利の発生・変更・消滅という法律効果を判断するのに直接必要な事実）

② **間接事実**（主要事実の存否を推認する〔推測し認める〕のに役立つ事実）

③ **補助事実**（証拠の証拠力〔事実認定にどの程度役立つか〕や証拠能力〔そもそも証拠として用いることが認められるか〕に関わる事実）

　これらのうち、弁論主義の適用のあるのは①のみで、②③については適用がない、というのが通説です。また、司法研修所の見解では、主要事実と要件事実とは同じものであると考えられています。

　例えば、**返還時期の定めがあったとして貸金返還請求をする場合、請求原因は、(i)金銭の返還の合意、(ii)金銭の交付、(iii)返還時期の合意、(iv)その返還時期の到来、にそれぞれ該当する具体的事実である**とされますので、そうした事実が主要事実であることになります。

　また、**請求原因と両立する事実で、訴訟物となっている権利の存在を否定する方向の事実を抗弁**と言い、金銭請求に対して被告が主張する弁済がその典型例となります。**弁済を分析すれば、(i)債務の本旨に従った給付をしたこと**（例えば1000万円の債務であれば1000万円を渡したこと）、**(ii)その給付がその債権についてされたこと**（給付と債権との結び付き）、**に該当する具体的事実が、弁済の主要事実である**ことになります。

したがって、そうした事実は、主要事実ですから、弁論主義の適用を受けることになります。

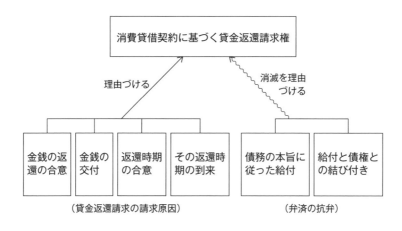

これに対して、貸金返還請求の場合に、被告が原告に金銭を貸してほしいと懇願していたとか、原告が被告に返済するよううるさく催促していた等の事実は、せいぜい金銭の交付や返還の合意等を推認させうる**間接事実**ですから、弁論主義の適用を受けないことになります。**弁論主義の適用を受けないということは、第1テーゼの関係でいえば、その事実の主張がなくてもその事実があったことを証拠から認定して構わないことを意味します。**

	弁論主義の適用	貸金返還請求訴訟の場合の例	主張なし証拠ありの場合の認定の可否
主要事実	あり	金銭の返還の合意、金銭の交付等	不　可
間接事実	なし	金銭を貸すようにとの懇願等	可

なぜ弁論主義の適用がある事実が主要事実に限られるのかという点ですが、1つの理由として、**もしも間接事実についても主張がないと認定できないとすると、証拠から自由に事実を認定していいことになっている裁判官にとって、窮屈になってしまう、**ということが挙げられています。つまり、ある証拠

（下図では、左下の「証拠」）から、それから推認される間接事実を経てある主要事実を認定しようと思っても、その中間にある間接事実について主張がされていないと、そのような認定ができなくなってしまうではないか、ということです。

　補助事実についても、証拠の推認の程度に影響を与えるという点で主要事実への推認過程の問題ですから、間接事実と同様の扱い（主張がなくても証拠があれば認定できるということ）になります。

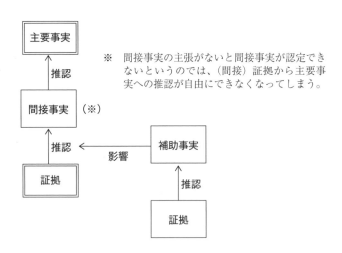

※　間接事実の主張がないと間接事実が認定できないというのでは、（間接）証拠から主要事実への推認が自由にできなくなってしまう。

4　釈明権

(1)　意　義

　訴訟手続では、弁論主義の下でも、当事者の主張が不明確であったり、必要な証拠が提出されていないなど、裁判官から見るとそのまま放置するのが妥当でない状況が生じることがあります。そこで、そのような場合には、裁判官から当事者に対して一定の働きかけをすることができることになっています。それが、**釈明権**と呼ばれる権限で、149条1項が、「裁判長は、口頭弁論の期日又は期日外において、**訴訟関係を明瞭にするため、事実上及び法律上の事項に関し、当事者に対して問いを発し、又は立証を促すことができる。**」と規定しています。

　用語法ですが、釈明権は、本来は、釈明する権能ではなくて、釈明させる権能ないしは釈明を求める権能であるということになります。ただし、実務

上、釈明権という言葉から、裁判官が当事者に説明させる、説明を求めるといういわば使役的な意味でも「釈明する」という言葉を用いることがあります。この用語法では、裁判官が「釈明する」のですから、釈明権は「釈明する」権能であることになります。

(2) 弁論主義の補完

釈明権は、一般に、事実の主張や証拠の提出を当事者に任せる弁論主義を補うものである、と理解されています。確かに、当事者が的確な主張をしていないような場合や的確な証拠を提出していないような場合に、釈明権行使により、主張の不備を補正させたり適切な証拠の提出をさせたりすることができることになりますので、そのように言うことができるわけです。

ただ、訴訟物のレベルでの釈明権行使を認める場合には、処分権主義を補完する制度であるとも言えますし、間接事実や補助事実についての釈明権行使もありえますから、弁論主義の補完にとどまるものとは言えないでしょう。

(3) 釈明権行使のあり方

もし釈明権の行使が行きすぎると、事案の真相を曲げたり、不公平な裁判となりますが、行使を怠ると、不親切な裁判であることになります。

釈明権の行使には、①申立て・主張等に不明瞭・矛盾等がある場合に補充的な釈明をする、という消極的釈明と、②当事者が適切な申立て・主張等をしない場合に積極的に示唆・指摘して是正的な釈明をする、という積極的釈明、とがあると言われています。①は、行使することが当然に許され、また行使しなければなりませんが、②は、どの程度必要かは事案や状況によることになります。ただ、実際には、①②も程度問題で、事態は連続的でしょう。

釈明権の行使 ｛①消極的釈明（申立て・主張等に不明瞭・矛盾等がある場合の補充的な釈明）
　　　　　　　②積極的釈明（当事者が適切な申立て・主張等をしない場合に積極的に示唆・指摘する是正的釈明）

5 確認問題（正誤問題）

まとめとして、確認問題（正誤問題）を掲げておきます。

> 1　弁論主義は、民事訴訟における審理の仕組みのうち、事実と証拠の
> レベルでそれらの提出を当事者に任せるものである。
> 2　一方当事者が主張している主要事実については、裁判所が、証拠か
> ら他方の当事者に有利に認定することは許されない。
> 3　両当事者とも認めている主要事実については、裁判所は、その事実
> を前提として訴訟物についての判断をしなければならない。
> 4　当事者間に争いがある事実については、当事者が申し出た証拠以外
> の証拠に基づいて認定することは、原則として許されない。
> 5　釈明権は、一般に、弁論主義と対立するものであると理解されてい
> る。

　1は、○です。

　2は、×です。主張共通の原則から、そのような認定は可能です。

　3は、○です。弁論主義の第2テーゼです。

　4も、○です。弁論主義の第3テーゼです。例外もありますので、「原則
として」も問題ありません。

　5は、×です。対立するものではなく、補完するものです。

第9章 訴訟行為論

訴訟行為という言葉の定義には種々のものがあるようですが、ここでは、訴訟法上の効果を生じる行為を訴訟行為としておきたいと思います。

訴訟手続において、当事者は、裁判所に対して裁判（裁判所または裁判官の判断。後述132頁）等の行為を求めて、(1)**申立て**を行い、その判断資料の提供として、(2)**主張**、(3)**立証**という行為を行うことが予定されています。

そのような訴訟行為については、申立てが訴えの提起である場合については、第1章における「民事訴訟における審理の仕組み」（8頁）でも見たところですが、ここではさらに少し掘り下げた補足をしておきたいと思いますし（立証については次章以降で扱います）、ほかの種々の申立てについても、同じように考えられることを確認しておきたいと思います。

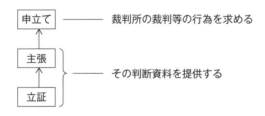

1 申立て

申立ては、裁判所に対して裁判等の行為を求めることです。「等」というのは、証拠調べや書記官による送達のような行為もあるからです。

典型例が、訴えの提起ですが、申立てには、ほかに、移送の申立て（16条等）など、訴訟手続における派生的な事項についての申立て（訴訟上の申立て）も数多くあります。このような申立ての場合も、当事者は主張と立証によってそれを理由づけることになります。

申立ては、裁判所に対して裁判等を求めるものですから、**裁判等があるまでは、原則として撤回が自由**であるとされています。申立てが訴えの提起である場合については、処分権主義からも基礎づけることができます。ただ、訴えの撤回である訴えの取下げについては、現行法上、①判決言渡しの前でも

被告の同意が必要となる場合がある（261条2項）とともに、②判決言渡し後でも判決確定までは可能とされています（同条1項。後述122頁）。

2 主 張

　主張には、**法律上の主張**と**事実上の主張**とがあります。まず、選択肢問題を見ていただきましょう。

＜選択肢問題14＞

　所有権に基づく建物の明渡請求の訴えについて、次のうち、誤っているものはどれか。

1　原告は、請求原因として、被告が現在その建物を占有している事実のほか、自らの現在の所有を基礎づけるため、本来は、その建物の原始取得（建物の新築、時効取得等）にまでさかのぼって、そこから自分が所有権を取得するに至った事実（原始取得した人からの売買など）を主張すべきである。

2　原告が、請求原因として、自らの現在の所有を基礎づけるために何を主張すべきであるかは、被告の対応によって異なる。

3　原告が現在その建物を所有していることについて、原告と被告との間に争いがない場合でも、裁判所は必ずしもそれを前提に判決をしなければならないわけではない。

4　被告が原告からその建物を賃借していた場合、原告は、その賃貸借契約が終了したことも、請求原因として主張すべきである。

　正解は4です。説明は、次のとおりです。

(1) 法律上の主張

　所有権に基づく建物の明渡請求の訴えを考えた場合、所有権があるというのは法律効果であって事実ではありませんから、原告は、請求原因として、本来は、選択肢の1のような事実をすべて主張しなければならないと考えられます。

　しかし、被告が、例えば原告の現在の所有を認めると、権利自白（後述102頁）が成立して、原告はそれ以上所有権について主張立証という訴訟活動をする必要がないとされています。したがって、選択肢の1と2は正し

いことになります。

　そうすると、被告の対応によって請求原因が変わってきますので、原告は訴状に何を書くのかが問題になりますが、もし被告の対応が分からなければ、とりあえず現在の原告の所有権を記載しておいて、被告の対応が分かった段階で修正すればいいことになります。なお、被告が、第三者が以前所有者だったことを認めた場合には、原告は、それを前提にその第三者から自分まで所有が移転する原因となる事実（第三者からの買受けなど）のみを主張立証すれば足りることになります。

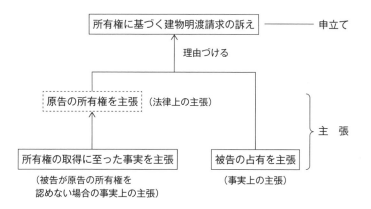

　法律上の主張は、上の例における原告の現在の所有権の主張のようなものを意味します。これを相手が認めた場合、権利自白が成立します。ただ、後述（102頁）するように、その効果としては、一応その権利主張を理由づける必要がなくなるものの、確定的に裁判所の判断を排除するわけではない、と解されています。選択肢の3は、その意味で正しいことになります。もっとも、裁判所が権利自白とは別の判断をする場合には、釈明権行使によって当事者に不意打ちにならないようにする必要はあるでしょう。

　法律上の主張は、さらに**広義では、法律の存否**（とくに日本の裁判所で適用される外国法が問題となる）、**解釈の仕方、適用の仕方についての意見陳述を含む**ことになりますが、法律の探索、解釈の仕方の決定、適用の仕方の決定は裁判所の職責であることから、それらについての意見の陳述は、裁判所への参考意見の提供にすぎないことになります。

　結局、残った選択肢の4が誤りで、これが正解となりますが、これにつ

いては、次の「事実上の主張」の中の「再抗弁等」についての説明の中でお話しすることになります。

(2) 事実上の主張

事実上の主張とは、申立てについて判断する資料の提供をするという意味での事実の主張です。例えば、上の所有権に基づく建物明渡請求の例で、所有権取得原因である売買契約の締結や、被告による占有の事実の主張を言います。主要事実（前述82頁）以外も問題になりますが、ここでは、便宜上、主要事実を中心にして考えることにします。

事実上の主張については、請求原因、抗弁、再抗弁等の**要件事実論**が問題となります。

ア 請求原因

原告は、訴訟物を理由づけるための事実を主張する必要があります。これが**請求原因（事実）**で、例えば、確定期限による返還時期の合意がある場合の貸金返還請求であれば、その請求原因とは、前述のように（82頁）、①金銭の返還の合意、②金銭の交付、③返還時期の合意、④その返還時期の到来、のそれぞれに該当する具体的事実である、とされています。

これらのうち、ある請求原因事実が誰でも知っているような事実等（「顕著な事実」と言います。179条。後述103頁）であるという例外的場合であれば、相手方の対応は問題とならず、裁判所はそのまま事実を認定してよい、とされています（④の返還時期の到来が確定期限の到来である場合、その日が到来していることは誰にでも分かりますから、これに当たることになります）。

そのような例外的な場合でないのであれば、次に、相手方である被告が請求原因事実を認めるか認めないか（認否）ということが、請求原因事実ごとに問題とされることになります。そして、被告がその請求原因事実があったことを認めた場合には（自白）、原告がその裏付けとなる証拠を提出して証明する必要はないことになります（同条）（91頁の表の(i)）。

しかし、被告がその請求原因事実があったことを否定した場合には（否認）、原告は、その裏付けとなる証拠（例えば、消費貸借契約書）を提出して、その事実を証明しなければならないことになります（(ii)）。

このように、**ある要件事実（ここでは請求原因事実）について、それが顕著な事実でないことを前提に、その事実の存在を相手方が否定した場合に、その事実の有無が「争点」となって、要件事実を主張した側が、その事実を証明しなければ**

ならないことになるのです。

イ 抗弁

㋐ 意　義

　これも前述（82頁）したように、**被告が、請求原因と両立する事実で、訴訟物である権利の存在を否定する方向の事実（抗弁と言います。）を主張**することがあります。典型例が弁済の主張です。

　抗弁についても、抗弁を構成する事実（弁済の場合であれば、前述のように、①債務の本旨に従った給付をしたこと、②その給付がその債権についてされたこと、のそれぞれに該当する具体的事実）ごとに、その事実が誰でも知っているような事実等（顕著な事実）であるという例外的場合を除き、原告による認否が問題とされるわけです。

　そして、原告がその事実があったことを認めれば（自白）、被告がその裏付けとなる証拠を提出して証明する必要はありませんが（ⅲ）、原告がその事実があったことを認めないのであれば、その事実の有無が「争点」となって、被告が、証拠（例えば、弁済については領収書）を提出して、その事実を証明しなければならないことになるわけです（ⅳ）。

　なお、被告が抗弁を主張する場合でも、必ずしも請求原因について自白する必要はないと考えられています。つまり、請求原因を否認しながら、仮に請求原因が認められる場合に備えて抗弁を主張することも許されているわけです。

原告側	被告側	原告側	被告側
請求原因を主張	─→ 認める（自白）	─→ 証明不要(ⅰ)	
〃	─→ 認めない（否認）	─→ 証明必要(ⅱ)	
	抗弁を主張	─→ 認める（自白）	─→ 証明不要(ⅲ)
	〃	─→ 認めない（否認）	─→ 証明必要(ⅳ)

㋑　理由付き否認との違い

　抗弁については、**理由付き否認との違い**をよく理解していただきたいと思います。例えば、消費貸借契約を請求原因として貸金返還請求があった場合

に、被告が、「原告からその金銭を受け取ったのは、贈与契約（民法549条以下）によるものであった。」と主張することは、抗弁ではなく、理由付き否認になります。

　贈与であれば、原告が被告に対して金銭の返還を請求することができないのは当然ですが、「お金をあげる。」という状況と「お金は返してもらうことになっている。」という状況とは両立しません。贈与は、請求原因のうちの金銭の返還の合意や返還時期の合意とは両立しないのです。抗弁は、請求原因と両立する事実であることが論理的な前提ですから、結局、贈与契約であったとの主張は、金銭の返還の合意や返還時期の合意という請求原因について否認し、そして、その理由（間接事実。間接事実については、前述82頁）として贈与であったことを主張していることになり（理由付き否認や積極否認と呼ばれます）、抗弁を主張しているわけではないことになるのです。したがって、そのような間接事実については弁論主義は適用になりませんから（前述82頁）、仮に主張がなかったとしても証拠から贈与契約であったことを認定してよいことになるわけです。

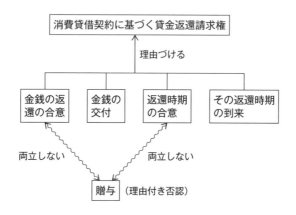

　　(ウ)　権利抗弁

　例えば、ある動産の売買契約に基づいて代金を請求する場合、被告である買主はその動産の引渡しがあるまで代金の支払を拒むことができます（民法533条）。同時に履行させるのが公平だからです。これは同時履行の抗弁権と呼ばれています。こうした**同時履行の抗弁権のような主張が抗弁となるには、権利者による権利行使の意思の表明が必要**です。そこで、このような抗弁を**権**

利抗弁と言います（これに対して、通常の抗弁を事実抗弁と言います）。

　一般の要件事実の主張の場合は、主張共通の原則（前述80頁）から、どちらの当事者が主張しても構わないのですが、権利抗弁の場合は、その権利を有する当事者が主張しないと意味をなさないことになります。その意味で、**主張共通の原則の適用がない**わけです。

　また、権利抗弁では、権利を行使すること（その意思があることを表明していること）が要件となり、例えば同時履行の抗弁の場合には「……まで、その代金の支払を拒絶する」こと自体が要件ですから、それは**相手方の認否の対象とはなりません**。もし相手方がそれに対して例えば「同時履行の抗弁権は認められない。」などと主張したとしても、それは法律論として参考意見を示したにすぎず、要件事実論としての否認の意味はありません。

　なお、民法上の取消権等の実体法上の形成権（一方的な意思表示によって法律関係を変動させることができる権利）を訴訟外で行使して、その結果を訴訟手続で抗弁として主張する場合は、事実抗弁ですが、そのような**実体法上の形成権を直接訴訟手続で行使する場合は**、その権利者が主張しなければならないという意味で、**権利抗弁となる**とするのが一般です。

　ウ　再抗弁等

　さらに、事案によっては、**原告が、抗弁の事実と両立する事実で抗弁の意味を失わせる事実（再抗弁と言います。）を**主張することがあり、以下、論理的には同じような関係が続きうることになります（事案によっては、再々抗弁、再々々抗弁等も問題となりうる、ということです）。

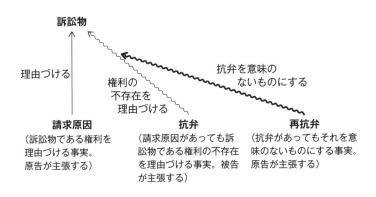

選択肢問題14の選択肢4は、「被告が原告からその建物を賃借していた

場合、原告は、その賃貸借契約が終了したことも、請求原因として主張すべきである。」というものでしたが、**所有権に基づく建物明渡請求の場合は、賃貸借契約の成立の主張は抗弁の主張で、賃貸借契約の終了の主張は再抗弁の主張に当たる**と考えられます。そのため、誤りということになるわけです。

なお、請求原因、抗弁、再抗弁等は、実体法上の論理的な関係を示したものであって、口頭弁論の終結までに行われた訴訟行為は一期日に行われた場合と同様に扱われます（**口頭弁論の一体性**と言います。）から、例えば、再抗弁の主張が抗弁よりも早い口頭弁論で主張されたり、あるいは口頭弁論の終結の間際になって請求原因の補足が主張されたとしても、要件事実論上は全く問題がありません（遅く主張された場合に、民事訴訟法157条1項により、時機に後れた攻撃防御方法として却下される可能性があることは別論です）。

エ　4つの応答の仕方

ところで、請求原因、抗弁等が主張された場合に、そのような要件事実に対する相手方の応答の仕方としては、民事訴訟法上、次のように、4つの種類があるとされています。

相手方の
応答の仕方
- 自白（相手方から主張された事実の存在を認めること）
- 否認（相手方から主張された事実の存在を認めないこと）
- 沈黙（相手方から主張された事実について争おうとしないこと）
- 不知（相手方から主張された事実について知らないと答えること）

このうち、**自白**と**否認**については、上に簡単に説明しました。**沈黙**は、認めたに等しいとして自白したものと擬制されますが（159条1項。擬制自白）、弁論の全趣旨から争ったと認めるべきときは除かれます（同項ただし書）。また、**不知**は、知らないと言っている以上、主張された事実を認めていないことがうかがわれますので、否認したものと推定されます（同条2項）。

なお、相手方が法律効果を主張した場合に、それを否定する表現としては、実務上、「否認する」ではなく「争う」という言葉が使われます。

3　確認問題（正誤問題）

まとめとして、確認問題（正誤問題）を掲げておきます。

> 1　民事訴訟法上、申立ては、訴え提起のことをいう。

2 　所有権に基づく建物明渡請求において、原告が所有するという主張を被告が認めた場合でも、原告は所有権取得原因事実を主張しなければならない。

3 　法律上の主張には、広義では、法律の存否、解釈の仕方、適用の仕方についての意見陳述も含まれる。

4 　貸金返還請求において、被告が、「その金銭を受け取ったのは贈与によるものであった。」と主張した場合、それは抗弁ではなく、理由付き否認である。

5 　所有権に基づく建物明渡請求の場合、賃貸借契約の成立の主張は抗弁の主張で、賃貸借契約の終了の主張は再抗弁の主張に当たる。

6 　一方当事者が主張した主要事実について、他方当事者が否認するとも認めるとも言わない場合には、否認したものと推定される。

　1は、×です。訴え提起は申立ての典型ですが、申立ての1つにすぎません。

　2も、×です。法律上の主張について権利自白が成立した場合として、原告は、その点についてはそれ以上主張立証する必要がなくなります。

　3は、○です。

　4も、○です。

　5も、○です。

　6は、×です。その場合には、擬制自白が成立します（159条1項）。知らないと言った場合が、否認したものと推定される場合です（同条2項）。

第10章 証拠法総説

第**10**章

繰り返しになりますが、民事訴訟の審理は、最終的に訴訟物である原告の権利が認められるかという判断を目指して行われます。何を訴訟物とするかは原告が決めることができ（処分権主義。36 頁）、裁判所の判断資料である主要事実と証拠も、当事者が提供します（弁論主義。79 頁）。そして、顕著な事実や自白された事実を除く主要事実を裏付けるものとして、証拠が必要となって、そのために証拠調べが行われることになるわけです。間接事実や補助事実についての証拠調べも、主要事実の認定に必要な限りで行われます。そのほかに、法律（とくに外国法）や経験則（後述 104 頁）等についての証拠調べもありえます。

1 証拠に関する用語

まず、証拠に関する用語について簡単な説明をしておきます。証拠法について理解する前提となるものです。

(1) 証明と疎明

ア 証明

証明とは、事実の存否の判断について裁判官が確信した状態、またはその状態を実現するために当事者が証拠を提出する行為、を意味します。立証や挙証も同様の意味ですが、「立てる」や「挙げる」という言葉が用いられていますので、当事者の行為を中心に考えた表現と言えます。

証明ありとすべき**「確信」の状態**とは、判例によれば、**通常人が疑いを差し挟まない程度**のものですが、ある事実の存在について**合理的な疑いの余地のない程度の心証**と表現することもできます。あえて数字のイメージで言えば、80％くらい以上の蓋然性が必要であると想定されていると言っていいでしょう。

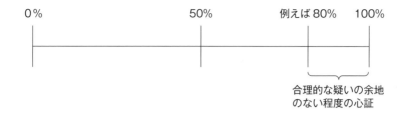

イ 疎　明

　疎明とは、①証明の程度には至らないが一応確からしいという程度の蓋然
性が認められる状態、または②その状態を実現するために当事者が証拠を提
出する行為、を意味します。手続上の派生的な問題について判断する場合や
暫定的に迅速に判断する場合に、疎明を要しそれで足りることが規定されて
います。例えば、民事保全法13条2項は、「保全すべき権利又は権利関係
及び保全の必要性は、疎明しなければならない。」としています。

　疎明の方法については、民事訴訟法188条が、「疎明は、即時に取り調べ
ることができる証拠によってしなければならない。」と規定していますので、
証明するための手段は、裁判所に連れてきている証人（在廷証人）や、当事
者が現に持っている文書等に限られることになります。証人については、実
際上、その代わりにその者が作成した陳述書が提出されることが多いようで
す。

(2)　証明度と証明点

ア　証明度

証明度とは、証明ありとされる程度で、通説では、前述のように80％程度
の蓋然性を意味します。この程度は、訴訟の過程で動くことはありません。

イ　証明点

　これに対して、**証明点とは、裁判官のその時々の心証の程度**を意味します。
これは、訴訟の過程でどの程度であるかが動くものです。証明度が、心証の
いわば物差しの80％の目盛りのところを指すとすると、証明点は、その物
差しの上を動く点ということになり、その点が80％以上の領域まで行くと
証明ありとされることになります。

⑶　本証と反証

　ア　本　証

本証とは、自分が証明責任（後述 106 頁）**を負う事実を証明するための証拠、またはその証拠を提出する活動**を意味します。80％以上の蓋然性がある場合を確信の状態（証明ありとされる状態）であるとすると、80％未満の状態から80％以上の状態にするための証拠、またはその証拠を提出する活動を本証と呼ぶことになります。

　イ　反　証

　これに対して、**反証とは、相手方が証明責任を負う事実を否認するための証拠、またはその証拠を提出する活動**を意味します。本証の蓋然性の例を使えば、80％以上の蓋然性の状態から 80％未満の状態にするための証拠、またはその証拠を提出する活動を反証と呼ぶことになります。

　本証の場合には、裁判官の心証を積極的に確信に至らせなければなりませんが、反証の場合には、確信に至るのを妨げれば足りますから、本証よりも反証の方が努力は軽くて済むと言えることになります。

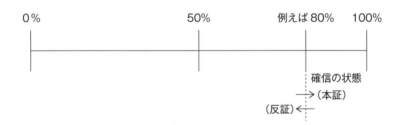

⑷　**証拠の 3 つの意味**

　証拠という言葉も多義的で、次のように、**証拠方法、証拠資料、証拠原因**の意味があります。なお、主要事実を直接証明するための証拠を**直接証拠**、間接事実や補助事実を証明するための証拠を**間接証拠**と呼んでいます。

　ア　証拠方法

証拠方法とは、証拠調べの対象となる有形物を意味します。例えば、証人や文書というのがこれに当たります。証拠「方法」というのは、日本語としては変ですが、ドイツ語の翻訳に由来します。

イ　証拠資料

これに対して、例えば証人の証言や文書に記載されている内容は、**証拠資料**と呼ばれます。**証拠調べをすることによって得られる内容**です。

ウ　証拠原因

証拠原因という言葉は、**裁判所の心証形成の原因となった資料や状況**を意味します。後述（104頁）するように、証拠原因には、証拠資料だけでなく弁論の全趣旨（口頭弁論に現れた一切の資料、状況）も含まれます。

(5)　証拠能力と証拠力

ア　証拠能力

証拠能力とは、証拠方法として用いることができることを意味します。後述（103頁）するように、民事訴訟手続では、刑事訴訟手続と異なり、原則として証拠能力には制限がないとされています。

イ　証拠力

これに対して、**証拠力とは、証拠価値、信用性のこと**で、証拠資料が事実認定に役立つ程度のことを言います。証明力とも言います。

2　不要証事実

179条は、「裁判所において当事者が自白した事実及び顕著な事実は、証明することを要しない。」と規定しています。**①裁判所において当事者が自白した事実と②顕著な事実とを、併せて不要証事実**と言います。

(1)　自白（裁判上の自白）

まず、選択肢問題を考えていただきましょう。

＜選択肢問題15＞

次のうち、自白についての記述として誤っているものはどれか。

1　被告が原告に有利な事実を主張し、原告がこれを援用した場合も、主張が一致した場合であるから、自白が成立する。

2　いったん自白が成立した場合、裁判所に対する拘束力も生じているから、相手方が同意してもその主張を撤回することはできない。

3　刑法246条2項に当たる詐欺行為により自白した場合、相手方を保護する必要はないから、自白の成立となった主張を撤回することがで

> きる。
>
> 4 錯誤により自白したというだけでは、自白の成立となった主張を撤
> 回することはできない。

正解は2です。以下、見ていきましょう。

ア 自白の意義

自白は、弁論主義の第2テーゼにも出てきますが、179条に「証明することを要しない」ものとしても規定されていますから、証拠法の分野でも問題にされています。裁判外のものと区別して、裁判上の自白とも言います。

自白とは、＜相手方の主張と一致する自己に不利益な事実の陳述＞です。例えば、貸金返還請求で、原告から被告への金銭の交付があったという事実は請求原因ですから、原告が請求原因の一部として主張することになりますが、その主張に対して、被告もその事実があったと陳述すると、選択肢問題13（78頁）の選択肢3にもあったように、＜相手方（今の例の原告）の主張と一致する自己（被告）に不利益な事実（金銭の交付）の陳述＞があったということで、自白が成立するわけです。

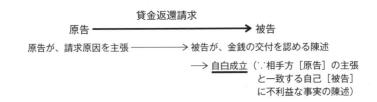

貸金返還請求
原告 ——————————————→ 被告
原告が、請求原因を主張 ————→ 被告が、金銭の交付を認める陳述
　　　　　　　　　　　　——→ 自白成立（∵相手方［原告］の主張
　　　　　　　　　　　　　　　　　　と一致する自己［被告］
　　　　　　　　　　　　　　　　　　に不利益な事実の陳述）

自白については、相手方の主張よりも先にそのような自己に不利益な陳述をしていたという場合でもよく、その場合を「先行自白」と言います。上の選択肢の1のように、被告が原告に有利な事実を主張し、その後で原告がこれを援用してその事実を主張した場合も、主張が一致した場合ですから、自白が成立することになります。**先になされた自己に不利益な陳述が相手方によって援用された場合でもいい**ということです。

イ 自白の効果

主要事実について自白が成立した場合、(i)証拠調べは要せず、(ii)裁判所に対する拘束力があり、(iii)自白した当事者についての拘束力もある、という3つの効果が生じます。

(i) 証拠調べの不要

　証拠調べを要しないことは、179条が規定しているところです。証拠調べを要しないということは、自白が成立した事実については争点とはならないということで、どのような事実について自白が成立するかの確認が争点整理手続（74頁）の重要な作業の1つであることは、前にお話ししたとおりです。

(ii) 裁判所に対する拘束力

　主要事実について自白が成立した場合、弁論主義の第2テーゼ（81頁）から、「当事者間に争いがない事実については、裁判所は、それをそのまま判決の基礎としなければならない。」という、裁判所に対する拘束力が生じます。

(iii) 自白した当事者についての拘束力

　主要事実について自白が成立した場合、自白した当事者はその陳述を撤回すること（その事実と矛盾する主張をすることも）ができなくなる、と考えられています。そうでないと、証明を要しないと考えた相手方の信頼を裏切ることになるからです。その意味で、**自白した当事者についての拘束力が生じる根拠は、一般に相手方との間の信義則**（信義誠実の原則。民事訴訟法2条）に求められます。

　なお、間接事実や補助事実（前述82頁）についても、これらの3つの効果が生じるのか、という問題があります。これらについても証拠調べの不要は179条から認められますが、判例は裁判所に対する拘束力を否定しています。裁判所に対する拘束力が認められないのであれば、自白した当事者についての拘束力も認められないことになるでしょう。

　ウ　自白の撤回

　自白がいったん成立した場合でも、例外的に**自白を撤回することができる場合**もあり、それは、一般に次の3つの場合であるとされています。

① **相手方が撤回に同意した場合**
② **刑事上罰すべき他人の行為により自白した場合**
③ **真実に反しかつ錯誤があったことを証明した場合**

　①から、相手方が同意すれば撤回できますので、「相手方が同意してもその主張を撤回することはできない」という選択肢問題15の選択肢2は、誤

りで、それが正解ということになるわけです。

②は、338条1項5号が、「刑事上罰すべき他人の行為により、自白をするに至ったこと……」を再審事由としていますので、そうした事実があった場合には自白の効力が認められない、とされているわけです（判例）。つまり、判決が確定した場合に再審事由となるようなものであれば、判決の確定前の手続内でも考慮すべきである、ということです。そうすると、詐欺の場合に撤回できるとする選択肢問題15の選択肢3は、正しいことになります。なお、民法上、詐欺による行為は取消し可能となり（民法96条1項）、撤回とは区別されますが、民事訴訟法上の自白の撤回の議論では区別されていません。

③も判例法理です。反真実の要件と錯誤の要件の両方を必要とするものの、判例は、この2つの要件を全く並立的なものとするのではなく、**反真実が証明されれば錯誤は事実上推定することができる**としています。これによれば、選択肢問題15の選択肢4には、錯誤だけしか挙げられていませんので、それだけでは撤回は認められないことになるでしょう。したがって、選択肢4は、正しいことになります。

エ　権利自白

権利自白とは、請求の当否の判断の前提をなす権利・法律関係を直接の対象とする自白のことを意味します。

法律上の主張のところで前述（88頁）したように、例えば、所有権に基づく建物の明渡請求の訴えにおいて、原告はその建物についての自らの所有権を主張することになりますが、それに対して被告の方が原告の所有権の主張を認めた場合が、権利自白となるとされる典型的な状況です。

被告が原告の過去の一定時点での所有権（「もと所有」と言います。）を認めた場合も、同様に権利自白となります。権利は、喪失事由がない限り存続しますから、もし原告が他の者に売却した等という所有権喪失事由があれば、それは被告が主張すべき抗弁となります（所有権喪失の抗弁）。さらに、原告が原告の前主（前の所有者）や前々主等の所有権とその後の自己までの所有権移転原因事実を主張した場合に、被告が前主等の所有権を認めた場合も、同様に権利自白となります。

権利自白が成立した場合の効果としては、従来、一般に、「相手方は一応その権利主張を理由づける必要がなくなるが、確定的に裁判所の判断を排除するわけではない」とされてきました。この点は、すでに選択肢問題14の選択肢3

についての解説としてお話ししたところです（89頁）。

(2) 顕著な事実

自白について規定する 179 条は、**顕著な事実**についても「証明することを要しない」と規定しています。顕著な事実には、**①公知の事実**と**②裁判所に特に顕著な事実**とがある、とされます。要件事実論上、①の典型例は一定日時（例えば弁済期）の到来です。

これらについて証明を要しないのは、証拠によらないで認定しても裁判所の判断の公正さが疑われないためです。証明を要しないだけで、弁論主義上は顕著な事実についても主張を要するわけですが、①については実務上黙示の主張のことが多いと思います。

3 自由心証主義

(1) 意 義

247 条は、「**裁判所は、判決をするに当たり、口頭弁論の全趣旨及び証拠調べの結果をしん酌して、自由な心証により、事実についての主張を真実と認めるべきか否かを判断する。**」と規定しています。これを**自由心証主義**と言います。ポイントは、①事実認定をするに当たっての原則であること、②判断の材料は「（口頭）弁論の全趣旨」と「証拠調べの結果」であること、③判断の基準は「自由な心証」によるものであること、です。

(2) 具体的内容

自由心証主義の具体的内容として中心となるのは、伝統的に、①**証拠方法の無制限**、②**経験則の取捨選択の自由**の 2 つですが、実定法上は 247 条から、③**弁論の全趣旨のしん酌**も含められます。

① 証拠方法の無制限

民事訴訟では、自由心証主義により、**原則としてあらゆるものに証拠能力（99頁）がある**と考えられています。これは、もし証拠方法（98頁）として使えるものが限定的であるとしたら、裁判官が心証を形成する前

提が制限されていることになり、合理的な事実認定のために裁判官の心証の自由を保障しようとした意義が損なわれてしまうことになるからです。ただし、条文上の特殊な例外（例えば160条3項本文）があるほか、解釈上の例外（違法収集証拠）も議論されています。

② 経験則の取捨選択の自由

経験則とは、経験から得られた知識や法則で、例えば通常ありうることかどうかなどを指します。民事訴訟では、このような経験則を基に、「このような証拠方法からは、こういう事実があったことが読み取れるだろう。」とか、「こういう事実からは、別のこうした事実があったことが推測できるだろう。」という判断（推認）をすることによって、主要事実についての認定をしていくことになるわけです。こうした**推認の仕方、つまり経験則の取捨選択が自由**であるということも、自由心証主義の重要な内容を成すのです。

したがって、経験則の取捨選択の自由には、(i)証拠方法の証拠力を自由に評価して事実を推認することができることと、(ii)事実から別の事実も自由に推認できること、の2つのことが含まれていることになります。

<主要事実の認定の一例>

```
                            主要事実
                          ↗      ↑
      弁論の全趣旨  推認          推認  ── ②経験則の取捨選択の自由
                          推認              ((ii)事実から別の事実の推認の自由)
                          ↘      ↑
      ③弁論の全趣旨のしん酌    間接事実

                                  ↑
                                 推認  ── ②経験則の取捨選択の自由
                                          ((i)証拠方法の証拠力の評価の自由)

                            間接証拠 ── ①証拠方法の無制限
```

③ 弁論の全趣旨のしん酌

弁論の全趣旨とは、口頭弁論に現れた一切の資料、状況のことで、例えば、当事者の態度がどうであったのかとか、攻撃防御方法を提出したのはどういう時期であったのかなどを指します。このような**弁論の全趣旨は、事実認定のあらゆる段階でしん酌して事実認定の助けとすることができ**

ます。また、弁論の全趣旨のみで心証が形成できるのであれば、具体的な証拠方法について証拠調べをしないで事実認定することも可能である、と言われています。

　なお、準備書面は、それ自体はあくまでも証拠となる文書ではありませんが、準備書面で主張したことが、「口頭弁論の全趣旨」（247条）としてしん酌されることにより、証拠と同様の意味を持つこともあります。

(3)　その他
ア　損害額の認定の特則

　損害額の認定については、弁護士や裁判官が合理的な認定方法を求めて苦労することも多いのが実情です。損害額の認定については、現行民事訴訟法の立法の際、新たに 248 条が、「**損害が生じたことが認められる場合において、損害の性質上その額を立証することが極めて困難であるときは、裁判所は、口頭弁論の全趣旨及び証拠調べの結果に基づき、相当な損害額を認定することができる。**」として特則を規定しました。もし同条が前提とするような場合に損害額の認定ができないとして請求棄却にすると、損害の発生が認められる被害者の保護に欠けることになりますので、それを避けるための規定であると言えます。

　同条は、「相当な損害額を認定することができる」としていますが、条文の趣旨から、同条の要件が備わっているのであれば、むしろ相当な損害額を認定しなければならないものと解されています。

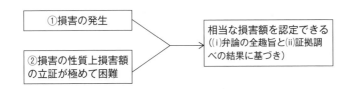

　なお、実務上、損害の一定のものについては、ある程度定額化されていて、例えば、（公財）日弁連交通事故相談センター東京支部編『民事交通事故訴訟 損害賠償額算定基準』（通称「赤本（赤い本）」）等に記載されている基準が、交通事故についてはもちろん、それ以外の損害額の認定にも使われることが多いようです。

イ　証拠共通の原則

　事実認定について一般に認められた原則に、**証拠共通の原則**があります。これは、「**証拠調べの結果は、その証拠をどの当事者が提出したかに無関係に、どの当事者の利益のためにも事実認定の資料となる。**」というものです。例えば、被告がある証拠を自分に有利なものと思って提出した場合でも、裁判所は原告に有利な証拠として使うことができます。これは、自由心証主義によって証拠の評価が裁判所の自由であることに基づくわけです。

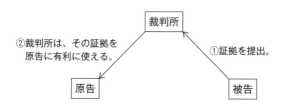

　この原則は、弁論主義に反するものではありません。なぜならば、弁論主義第3テーゼ（前述81頁）は、証拠の提出までを裁判所との関係で当事者の役割とするものですが、どちらかの当事者から提出された証拠をどのように評価するのかは裁判官の自由心証の問題であって、もはや弁論主義の問題ではないからです。

　なお、この原則は、原告ないし被告が複数となる共同訴訟の場合に、その共同訴訟人間でも適用があります（後述168頁）。

4　証明責任

(1)　意　義

　例えば、貸金返還請求で、被告が返還の合意という事実を否認した場合に、もし提出された証拠によっても審理の最終段階でその事実があったかなかったかが不明となった場合にはどうするのか、という問題があります。つまり、争いのある事実（主要事実）は、裁判所が証拠から自由心証によって認定するわけですが、**最終的にその事実の存否が不明の場合にどうするのか**、という問題です（ある事実が存否不明であることを、ノン・リケットと言うことがあります）。

　この問題については、制度上、その場合にも裁判の拒否をすることはできないとして、**一方当事者の不利に擬制した裁判をすること**とされています。証

明責任というのは、**それによって当事者が受けるその不利益**を言います（立証責任や挙証責任とも言います）。擬制するというのは、「みなす」ということで、「そういうことにする」ということです。

　そして、どちらの当事者が証明責任を負うかというルールを証明責任の分配と言い、それをどのように合理的に行うかが、当事者の勝敗に直結する重大な問題となるわけです。なお、民事訴訟法には、証明責任について規定した条文はありません。

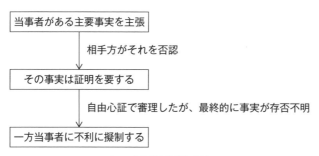

※　その不利益が証明責任。
※　どちらの当事者がそれを負うかが証明責任の分配。

　上の例についてみれば、貸金返還請求において、返還の合意があったという事実については債権者側が証明責任を負う、と考えられています。したがって、その返還の合意という事実が審理の最終段階で存否不明であるという場合には、原告に不利に、つまりその事実はないものと擬制されて、請求棄却の判決がされることになります。

　同様に、弁済があったという事実（厳密には2つの要件事実ですが〔前述82頁〕、ここでは便宜上併せて考えます。）については債務者側が証明責任を負う、と考えられていますから、提出された証拠から最終的にその弁済の存否が不明であれば、被告に不利に、つまり弁済の事実はないものと擬制されて、もし請求原因事実がすべて認められるのであれば、請求認容の判決が言い渡されることになるわけです。

　ここで、注意していただきたいのは、まず、**どちらの当事者が一定の事実について証明責任を負うのかは、あらかじめ決まっていて、訴訟の経過で原告から被告に移ったり被告から原告に移ったりはしない**、ということです。もちろん、訴訟の経過によって、裁判官の心証が一方当事者に不利になったり他方当事

者に不利になったりしますので、ある時点で不利な側が証明活動をさらに行うことが必要となることが現実に生じます。しかし、そのような事実上具体的に変動する証明活動の必要性は、証明責任ではありません。

もう1つ注意していただきたいのは、＜ある要件事実について当事者の一方が証明責任を負い、その裏側と言うべきその要件事実の不存在という事実について他方の当事者が証明責任を負う＞ということはありえない、ということです。例えば、貸金返還請求訴訟において、「弁済があったことは被告が証明責任を負い、弁済がなかったことは原告が証明責任を負う。」という命題は、論理的にありえないことになります。なぜならば、証明責任は、審理の最終段階でノン・リケットとなった場合に、一方当事者に不利に擬制されるものですから、上のような命題では、どちらに不利に擬制されるのかが決まらないことになり、裁判が可能とはならないからです。

そこで、選択肢問題を考えていただきましょう。

＜選択肢問題16＞

貸金返還請求訴訟において、「弁済があったことは被告が証明責任を負い、弁済がなかったことは原告が証明責任を負う」という命題は、論理的にありえない、と考えられているが、この問題に最も関係があるのは次のうちのどれか。

1　返還の約束
2　弁論主義
3　審理の最初の段階
4　当事者の一方の不利益

もちろん、正解は4です。

1の「返還の約束」は、貸金返還請求の請求原因事実ですが、上の命題とは関係ありません。2の「弁論主義」も、直接は関係がありません。3は「審理の最初の段階」とありますが、証明責任は、審理の最後の段階での問題ということになります。

(2)　証明責任の分配

先ほど、貸金返還請求において返還の合意があったという事実については、債権者側が証明責任を負うと考えられ、弁済があったという事実につい

ては債務者側が証明責任を負うと考えられている、と説明しました。このような**証明責任の分配についての伝統的な考え方**として、**法律要件分類説**と呼ばれるものがあります。

この説は、まず、実体法の規定（規範）を、次の4つに分けます。

① **権利根拠規定**（権利の発生の要件を定めた規定）
② **権利障害規定**（権利の発生を障害する要件を定めた規定）
③ **権利阻止規定**（権利の行使を一時的に阻止する要件を定めた規定）、
④ **権利滅却規定**（権利の消滅の要件を定めた規定。権利消滅規定とも言います。）

そして、**①の規定に該当する事実については、権利を主張する者が証明責任を負い、②～④の規定に該当する事実については、その相手方が証明責任を負う、**とするのです。貸金返還請求において返還の合意があったという事実は、①の規定に該当する事実であるとして、権利を主張する者（債権者）が証明責任を負うことになりますし、弁済があったという事実は、④の規定に該当する事実であるとして、権利を主張する者の相手方（債務者）が証明責任を負うことになるわけです。

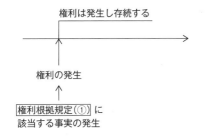

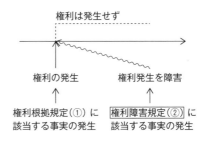

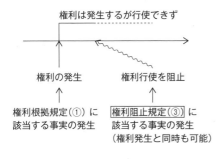

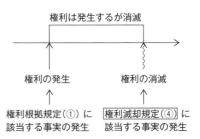

法律要件分類説に対しては一定の批判もなされましたが、批判にある程度耳を傾けて修正された上で、なお法律要件分類説が通説的な考え方になっていると言えます。

なお、弁論主義のところで（前述80頁）、主張責任について言及しました。両当事者ともある事実を主張していないという場合は、その事実が認められることが有利となる当事者にとっては、その事実を認定してもらえない、という不利益を受けることになり、その不利益が主張責任ということでした。そうすると、主張責任を負う当事者と証明責任を負う当事者とは同じであるのかという問題が出てくるわけですが、伝統的な考え方では、**主張責任の所在と証明責任の所在とは一致する（証明責任を負う側の当事者は、主張責任も負う）**とされています。その理由として、主張がないために受ける不利益である主張責任も、証明がないために受ける不利益である証明責任も、特定の要件事実が認定できないことが前提となる事態である点では共通しているのではないか、ということが指摘されています。

5　確認問題（正誤問題）

まとめとして、確認問題（正誤問題）を掲げておきます。

1　相手方の主張と一致する自己に不利益な事実の陳述を、不利益陳述という。

2　主要事実について自白が成立すると、証拠調べは要せず、裁判所に対する拘束力があり、自白した当事者についての拘束力もある。

3　真実に反しかつ錯誤があったことを証明した場合の自白は、撤回することができる。

4　自由心証主義の内容に、証拠方法の限定、経験則の取捨選択の自由、弁論の全趣旨のしん酌がある。

5　証拠調べの結果は、その証拠をどの当事者が提出したかに無関係に、どの当事者の利益のためにも事実認定の資料となるということを、証拠調べ共通の原則という。

6　証明責任は、ある主要事実の存否が自由心証によっても最終的に不明である場合に問題となる。

7　証明責任は、訴訟の経過に従って相手方に移ることがある。

8　ある要件事実について当事者の一方が証明責任を負う場合、その要

件事実の不存在という事実については、他方の当事者が証明責任を負う。

9 法律要件分類説は、例えば、権利の発生の要件を定めた規定に該当する事実については、権利を主張する者が証明責任を負う、とする。

1は、×です。（裁判上の）自白です。

2は、○です。

3も、○です。

4は、×です。証拠方法の限定ではなく、無制限です。

5も、×です。証拠共通の原則です。

6は、○です。

7は、×です。移りません。

8も、×です。そういう命題では、ノン・リケットの場合に、どちらの当事者に不利に擬制するのかが決まらないことになってしまいます。

9は、○です。

第**11**章　証拠調べ

1　総説

　証拠調べの手続は、(1)当事者による証拠の申出から始まり、(2)その申出について裁判所が証拠調べを行うかどうかを判断して証拠決定をなし、(3)行うこととした場合には証拠の種類に応じて証拠調べを実施する、という段階をたどります。証拠決定は、実務上はとくにされない場合も多いですが、黙示的にされているとみることはできるでしょう。

```
(1)当事者による証拠の申出 ──→ (2)(証拠決定) ──→ (3)証拠調べの実施
```

2　人証の証拠調べ

　証拠方法（前述 98 頁）が証人、当事者本人、鑑定人である場合を、人証（「じんしょう」または「にんしょう」）と言います。ただ、実務上は、人証として、普通、証人と当事者本人とを念頭に置いていて、「証拠調べ」という用語も、証人尋問と当事者尋問を指すことが多いようです。人証の証拠調べは、一般に、文書の証拠調べが終わった上で、訴訟手続の最後の方で行われます。

(1)　証人尋問

　証人とは、一般に、過去の事実や状態について認識した内容を陳述する者で、尋問によりその陳述を求める手続が、証人尋問です（190 条以下）。証人尋問は、①証人に出頭させ、②宣誓させた上で、③尋問に対して証言させる、という流れで行われます。

```
①出頭 ──→ ②宣誓 ──→ ③尋問に対して証言
```

(2) 当事者尋問

　207条1項は、「裁判所は、申立てにより又は職権で、当事者本人を尋問することができる。この場合においては、その当事者に宣誓をさせることができる。」と規定しています。これを当事者尋問と言います。

　当事者尋問の規定は、法定代理人の尋問にも準用されますので（211条本文）、当事者が法人等である場合には、その**代表者等にも準用される**ことになります（37条）。

　当事者尋問には、証人尋問の規定が大幅に準用されていますから（210条）、基本的に証人尋問と同様の手続で実施されます。ただし、証人ではありませんから、当事者が宣誓して虚偽の陳述をした場合も、過料の制裁（209条）があるにとどまり、刑法の偽証罪は成立しません。

(3) 鑑　定

　鑑定は、専門的な経験則を明らかにするための手続で、専門的な学識経験を有する者が証拠方法となります。民事訴訟法212条1項は、「鑑定に必要な学識経験を有する者は、鑑定をする義務を負う。」と規定し、鑑定義務を一般義務であるとしています。鑑定人は、受訴裁判所、受命裁判官または受託裁判官が指定するものとされています（213条）。

　なお、実務上は、当事者が専門的な第三者に鑑定書の作成を依頼し、その結果作成された私的な鑑定書を書証（次項として後述）として提出することもありますが（私鑑定）、法律上の鑑定とは区別されます。

　鑑定人に意見を述べさせる方法は、書面または口頭ですが（215条1項）、**鑑定書が提出されるときでも、鑑定書が証拠文書となるのではなく、鑑定人が証拠方法で、鑑定の結果（鑑定書の記載内容）が証拠資料**となります。鑑定の手続には、証人尋問の規定が準用されます（216条）。

　なお、**特別の学識経験により知り得た事実に関する尋問**については、証人尋問の手続によります（217条）。この場合は、**鑑定証人**と呼ばれ、例えば、訴訟で問題となっている患者の治療に当たった医師が陳述するような場合が典型例です。事実を証言する証人の特殊な形であるということになります。

3　物証の証拠調べ

(1) 書　証

　書証は、証拠方法である文書を閲読して、その記載内容を証拠資料とする証拠

調べを言いますが、**その文書自体も書証**と言います。

ア　文書の成立の真正

　証人の場合は、証人が話した言葉は、その人の口から発せられたもので、その証人自身の意思に基づくものであると言うことができます。したがって、それを前提に、話の内容がどこまで信用できるか、またどのような事実まで推認できるか、ということさえ問題にすればよいことになります。

　しかし、文書の場合は、証人の場合と違い、一方当事者が「その文書はA氏が書いた」と言っていても、その文書が本当にAが書いた文書である保証はありません（BがAの名義で偽造したかもしれません）から、まずその点が大前提として問題となるのです。そこで、その文書を有利に利用したい当事者は、まずその点から証明しなければなりません。つまり、**ある文書を一定の事実の裏付けとなる証拠として用いようとする者（挙証者）は、その文書が挙証者の主張する特定人**（上の例ではA）**の意思に基づいて作成されたことを証明する必要があるのです。**228条1項が「文書は、その成立が真正であることを証明しなければならない。」とするのは、そのことを意味しています。

　ここで、選択肢問題を考えていただきましょう。

＜選択肢問題17＞

　原告が、Aが作成したという文書を書証として提出した。次のうち、この場合についての説明として誤ったものはどれか（各選択肢は独立のものとする）。

1　Aが公務員で、その文書が方式や趣旨から公務員が職務上作成したと認めるべきときは、成立の真正が推定される。

2　その文書が私文書である場合、Aの印鑑の印影があれば、それはAの意思によって押印されたことが推定され、そこからさらに文書全体の成立の真正も推定される。

3　その文書が私文書である場合、A自身が署名したものであれば、文書全体の成立の真正が推定される。

4　被告が、その文書の成立の真正をいったん認める陳述をした後、その陳述を撤回することは許されない。

　判例を前提にすると、正解は4となります。

　まず、1は、228条2項に規定があります。

2は、二段の推定と言われる判例法理です。同条4項は、「私文書は、本人又はその代理人の署名又は押印があるときは、真正に成立したものと推定する。」と規定していますが、「本人……の……押印がある」というのは、単に本人の印鑑と同じ印影があるという意味ではなく、本人の「意思に基づいて」押された印影があるという意味と解釈し、同項を適用する前提として、押印の意思も事実上推定しようというわけです。つまり、本人の印鑑と印影の一致（下図の①）→本人の意思による押印（②）→文書全体の成立の真正（③）、というわけです。

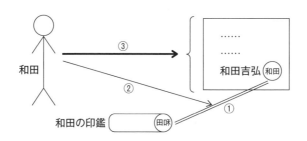

選択肢の3ですが、本人自身の署名があるのであれば、それは二段の推定の一段目は問題ないことになりますから、228条4項が直接適用されることになります。

4ですが、文書の成立が真正であることというのは、その文書が証拠として使えることの前提ですから、主要事実、間接事実、補助事実のうちの補助事実（前述82頁）に当たります。判例は、このような事実については、相手方が認めたとしても自白として裁判所を拘束することはなく、撤回することも許されるとしています。

イ　書証の手続

書証の申出は、①文書を提出するか、②文書の所持者にその提出を命ずることを申し立てる（後述117頁）かしてしなければならない、とされますが（219条）、ほかに、③文書送付嘱託を申し立てて（後述118頁）することも可能です（226条）。つまり、証拠となる文書が挙証者の手元にあれば、その文書を裁判所に提出すればいいのですが（①）、手元になく、文書を相手方当事者や第三者が所持しているのであれば、裁判所からその所持者に提出を命じること（②）や送付をお願いすること（③）を求めて申立てをすることになる、ということです。

ただし、実務では、②や③の場合は、条文の規律にもかかわらず、提出された文書、送付された文書のうち必要な文書のみを、挙証者が改めて書証の申出として提出する、というのが一般です。

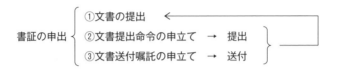

(ア)　文書の提出

　文書を提出して書証の申出をするには、申出をする時までに、①その写しと②（文書の記載から明らかな場合を除き）証拠説明書を提出しなければなりません（規則137条1項本文）。これらの提出は、書証の申出をする時までにされるもので、申出自体ではなくその準備行為にすぎないものです。

　民事訴訟法180条2項は、「証拠の申出は、期日前においてもすることができる。」と定めますが、書証の場合、文書を提出して申出を行い（219条）、取調べの必要性があれば直ちに取調べが実施されますので、**書証の申出は、口頭弁論期日または弁論準備手続期日で行う必要があります。**

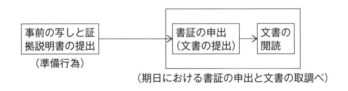

（期日における書証の申出と文書の取調べ）

　提出する文書には提出順に番号が振られ、原告の提出した文書は甲第1号証、甲第2号証、……となり、被告の提出した文書は乙第1号証、乙第2号証、……となります。また、通常、例えば、甲第1号証は甲1号証や甲1と略記されます。

　口頭弁論期日または弁論準備手続期日で書証の申出がされると、実務では、一般に、その時までに提出された写しと原本との照合が行われ、原本は普通そのまま返却されます。文書の取調べ自体は、裁判官がその文書を閲読することによって行われますが、現実には、あらかじめ写しが提出されていることもあり、期日でとくに閲読の時間が設けられるわけではありません。

(イ)　文書提出命令の申立て

　挙証者が提出したい文書を自ら所持していない場合に執り得る1つの手段が、**文書提出命令の申立て**です。

　文書提出命令を命じられる者には文書提出義務があることが必要ですが、**文書提出義務は、現行の民事訴訟法によって一般義務化**されました。それは、220条が、文書提出義務について従来列挙されていた文書（1号から3号）以外に、4号で、「前三号に掲げる場合のほか、文書が次に掲げるもののいずれにも該当しないとき」という一般的規定を置き、一定の例外的な場合以外は原則として提出義務があるものとしたからです。

　そのうちの220条4号ニは、「専ら文書の所持者の利用に供するための文書（国又は地方公共団体が所持する文書にあっては、公務員が組織的に用いるものを除く。）」と規定しています。これは、**自己利用文書**と呼ばれます（自己使用文書、自己専利用文書等とも言います）。

　この4号ニに関しては、とくに多くの重要な判例が見られます。その中心となる判例は、**銀行の貸出稟議書**について**自己利用文書に当たる**として提出義務がないとしました。その際、4号ニに当たる要件として次の3つのものを示したことが注目されます。これは、その後の判例でも基準として使われています。

① 専ら内部の者の利用に供する目的で作成され、外部の者に開示することが予定されていない文書であること
② 開示されると個人のプライバシーが侵害されたり個人ないし団体の自由な意思形成が阻害されたりするなど、開示によって所持者の側に看過し難い不利益が生ずるおそれがあること
③ 特段の事情のないこと

　①は、何のために作られた文書なのかという過去の作成の事情を問題にするもので、②は、今後開示されたらどういう不利益が生じるのかという将来の予想を問題にするものと考えると、理解しやすいでしょう。

```
              現在
       過 去           将 来
──────────────────────┼──────────────────→（時間の流れ）
もともと何のために作られたのか   今後開示されたらどういう不利益が生じるのか
```

　文書提出命令の申立てが認められますと、文書提出命令が発せられますが、これは、裁判官の判断ではなく裁判所の判断ですから、後述（132頁）するように、裁判形式としては命令ではなく決定になります（文書提出命令の「命令」は、内容に着目した名称です）。

　文書提出命令に当事者が従わない場合には、「裁判所は、当該文書の記載に関する相手方の主張を真実と認めることができる。」（224条1項）などの効果が生じることになります。

　　㋒　文書送付嘱託の申立て

　226条は、「書証の申出は、第二百十九条の規定にかかわらず、文書の所持者にその文書の送付を嘱託することを申し立ててすることができる。ただし、当事者が法令により文書の正本又は謄本の交付を求めることができる場合は、この限りでない。」と規定しています。これは、**（文書）送付嘱託**の制度と言われ、文書の所持者による任意の提出が見込まれる場合に、文書提出命令よりもソフトな形で提出を依頼するものです。

(2)　**検　証**

　検証は、裁判官が五感（視覚、聴覚、嗅覚、味覚、触覚）の作用で物の形状、状態などを認識し、その結果を証拠資料とするものです。文書でも記載内容ではなく紙の質等が問題となっている場合は、その証拠調べは、書証ではなく検証により、また、人についても、人の認識ではなく人の外見や身体の状況等が問題となっている場合には、証人尋問ではなく検証によるわけです。ただ、理論上はそうでも、文書の内容とともに紙の質等が問題となるような場合、実務上は一括して書証によるという扱いがされているようです。

　条文上は、検証の目的（目的物のこと）の提示や送付について、書証の申出、文書提出命令、文書送付嘱託等の規定が準用されている（232条1項）ほか、検証をするに当たって、必要があれば鑑定を命ずることができるとされています（233条）。

4 証拠保全

234条は、**証拠保全**の制度として、「裁判所は、あらかじめ証拠調べをしておかなければその証拠を使用することが困難となる事情があると認めるときは、申立てにより、この章の規定に従い、証拠調べをすることができる。」と規定しています。そのような事情とは、例えば、証人となるべき人が重い病気で亡くなりそうであるとか、文書が散逸したり改ざんされたりしてしまいそうである、というような事情を意味します。「この章の規定に従い、証拠調べをすることができる」とありますから、民事訴訟法の第2編第4章「証拠」の規定によって、証人尋問や書証等の手続を行うことができることになります。証拠保全は、訴え提起前でも訴え提起後でも可能で、訴訟係属中は職権でも可能です（237条）。

証拠保全は、実際上、相手方の手元の証拠を探る手段としても利用されてきました（保全事由の疎明をどの程度緩やかにするかによります）。これは、**証拠開示的機能**と呼ばれ、その点をどう評価するかについては、肯定的な立場と否定的な立場とがあります。

5 確認問題（正誤問題）

まとめとして、確認問題（正誤問題）を掲げておきます。

1　当事者が法人である場合、その代表者は法人とは別人格であるから、その代表者に対する尋問は、証人尋問として行われる。

2　鑑定の場合、証拠方法は鑑定人で、鑑定書ではない。

3　文書を証拠とする場合には、その文書が挙証者の主張する特定人の意思に基づいて作成されたことを証明する必要がある。

4　書証の申出は、口頭弁論期日か弁論準備手続期日で行う必要があり、その前に、その準備として、写しと証拠説明書を提出しなければならない。

5　文書提出義務は現行法では一般義務化されたので、銀行はその貸出稟議書についても提出する必要がある。

1は、×です。当事者尋問として行われます（37条、211条本文）。

2は、○です。鑑定は人証の一種です。

3も、○です。228条1項。

4も、○です。準備については、規則137条1項本文。

5は、判例を前提にすると、×です。一般義務化されたのはそのとおりですが、銀行の貸出稟議書については、自己利用文書（民事訴訟法220条4号ニ）として提出義務がないとした判例があります。

　いったん訴えを提起しても、必ずしも判決まで行くとは限りません。実際にも、とくに和解の形で訴訟が終了するというのは、よくあることです。判決で白黒の決着をつけるよりも、訴訟の途中で裁判官を交えた話合いをして訴訟を終わらせた方が望ましい場合もあるでしょう。また、原告としても、判決を取って強制執行しても全額回収できるかは分かりませんし、話合いで相手に任意に履行してもらう方が労力は小さくて済むでしょう。さらに、和解以外にも、判決にまで行かないで訴訟が終わるという場合が、いろいろとあります。

　それらについての条文（261条以下）は、民事訴訟法上、判決についての条文（243条以下）よりも後に規定されていますので、まず条文の位置に注意していただきたいと思います。

　そこで、選択肢問題を最初に見ていただきましょう。

＜選択肢問題18＞

　Aは、Bに対して200万円の貸金返還請求の訴えを提起し、その訴訟がある地方裁判所に係属している間に、Aが一定の事情で訴訟を終了させた。この場合についての次の記述のうち、最も適当でないものはどれか（各選択肢は独立のものとする）。

1　Aは、Bと喫茶店で話し合い、Bが1か月後にA宅に100万円を持参することを約したため、これを了承し、Bの同意の下に訴えを取り下げた。その後、Bが100万円を持参しない場合、Aは、催告の上和解を解除して、再度200万円の貸金返還請求の訴えを提起することができる。

2　Aは、訴え提起後自己の債権がないと考え、請求を放棄し、放棄調書の作成により訴訟は終了した。しかし、請求の放棄が錯誤に基づいてなされたものであった場合、それに気付いたAは、期日指定の申立てをして、訴訟が終了していないので引き続きAの訴えについて審理すべきである、ということを主張することができる。

3　Aは、Bと裁判所で話し合い、Bが1か月後にA宅に100万円を持

参することを裁判官の前で約したため、これを了承し、訴訟上の和解を記載した和解調書の作成により訴訟が終了した。その後、Bが100万円を持参しない場合でも、Aは、Bに対し、新たに訴えを提起しなければ、100万円の債権の満足のために強制執行をすることはできない。

4　Aは、Bと裁判所で話し合い、Bが1か月後にA宅に100万円を持参することを裁判官の前で約したため、これを了承し、訴訟上の和解を記載した和解調書の作成により訴訟が終了した。その後、Bが100万円を持参しない場合、Aは、催告の上和解を解除して、再度200万円の貸金返還請求の訴えを提起することができる。

A（貸主）

200万円の貸金返還請求の訴え
　→　訴えの取下げ（選択肢1）、請求の放棄（選択肢2）、訴訟上の和解
　　　（選択肢3・4）

B（借主）

　正解は3です。以下、各制度の説明をしながら、改めて選択肢問題に触れていきたいと思います。

1　訴えの取下げ

(1)　要件・手続

　訴えの取下げというのは、訴えの撤回のことです。261条1項は、「訴えは、判決が確定するまで、その全部又は一部を取り下げることができる。」と規定しています。したがって、**判決が確定する前であれば、上級審でも訴えの取下げが可能**であることになります。

　また、同条2項本文は、「**訴えの取下げは、相手方が本案について準備書面を提出し、弁論準備手続において申述をし、又は口頭弁論をした後にあっては、相手方の同意を得なければ、その効力を生じない。**」と規定しています。訴えの取下げには、場合によっては被告の同意が必要になってくる、ということです。本案とは、訴訟要件ではなく請求の当否に関して、ということですから、被告の同意が必要になるのは、被告が訴訟の中身について応答したら、

ということになります。

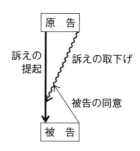

　これは、原告の訴え提起に対し被告が争うことにしたのであれば、＜原告が、自分だけで勝手に、自分が負けそうだと判断して訴えを取り下げて勝ち負けを決めないことにする＞というのは許さない、ということです。つまり、被告の立場から言うと、被告としては、訴えられたのを機会に、自分の言い分の方が正しいことを裁判所に認めてもらいたいと思って、いろいろな準備をして防御活動に入ったのに、その段階になって、原告がその一存で訴えを取り下げられるのだとすると、それは公平ではないだろう、ということになるわけです。選択肢問題18の選択肢1の事例でも、Aの訴えの取下げについてBは同意していました。

　訴えの取下げは、原則として書面でしますが（261条3項本文）、口頭弁論等の期日（口頭弁論、弁論準備手続、和解の期日）において口頭で訴えの取下げをすることも認められています（同項ただし書）。

(2) 効　果
　262条1項は、「訴訟は、訴えの取下げがあった部分については、初めから係属していなかったものとみなす。」と規定し、2項は、「**本案について終局判決があった後に訴えを取り下げた者は、同一の訴えを提起することができない。**」と規定しています。終局判決とは、その審級での審理を終結する判決です。再訴が禁止される趣旨について、判例は、終局判決を得た後に訴えを取り下げることによって裁判を徒労に帰せしめたことに対する制裁的趣旨であることと、同一紛争をむし返して訴訟制度をもてあそぶような不当な事態が起こることを防止する目的であること、を指摘しています。

　さて、選択肢問題18の選択肢1ですが、ここでは、裁判外の和解（民法

695条）が成立して、Aが訴えを取り下げたが、Bが100万円を持参しないという場合、催告の上和解を解除して（民法540条以下）、再訴を提起することができるか、ということが問題になっています。訴額が200万円で地方裁判所に係属中ということですから、本案についての1審判決はまだ出ていなかったと見られます。したがって、再訴の禁止は問題になりませんので、選択肢の1は正しい、ということになります。

A（貸主）

200万円の貸金返還請求の訴え
　→　裁判外の和解に伴い、Aが訴え取下げ
　　　→　Bは100万円を持参せず　→　Aは和解を解除し、再訴が可

B（借主）

　訴えの取下げについては、その意思表示に錯誤などがあった場合にはどうなるのかという問題もあり、民法の意思表示の規定（民法93条以下）を適用できるかということと、意思表示に問題があったことをどのような方法で主張すべきかということが問題とされています。判例は、訴えの取下げは訴訟行為であるからとして、民法の規定の適用を否定していますが、**詐欺脅迫等明らかに刑事上罰すべき他人の行為によって訴えの取下げがなされたときは、再審事由**（民事訴訟法338条1項5号）**の法意に照らしその取下げは無効**と解すべきである、としました。当事者が、訴えの取下げが無効であると主張して審理の続行を求めるには、訴訟が終了していないとして期日指定を申し立てる（93条1項）ことになります。

(3) 訴えの取下げの合意（訴え取下げ契約）

　選択肢の1のような場合は、裁判外の和解とともに**訴えの取下げの合意**もなされていると見られます。そのような合意をしたにもかかわらず、もし原告が訴えを取り下げないという場合には、被告が訴えの取下げの合意があったと主張するわけですが、裁判所が合意の存在を認めたときには、**訴えの利益が欠けるとして、訴え却下の判決がなされる**ことになります（通説、判例）。

2 請求の放棄・認諾

請求の放棄とは、請求に理由のないことを認める原告の意思表示で、請求棄却と同様の結果を自認することです。請求の認諾とは、請求に理由のあることを認める被告の意思表示で、請求認容と同様の結果を自認することです。

(1) 要件・手続

請求の放棄・認諾は、判決確定前であればいつでもすることができ、上訴審でされた場合には、それまでにされた判決は、請求の放棄・認諾がされた限度で当然に失効する、と考えられています（判例）。

266条1項は、「**請求の放棄又は認諾は、口頭弁論等の期日においてする。**」と規定し、2項は、「**請求の放棄又は認諾をする旨の書面を提出した当事者が口頭弁論等の期日に出頭しないときは、裁判所……は、その旨の陳述をしたものとみなすことができる。**」と規定しています。訴えの取下げは、原則として書面でしなければならないとされていますが（261条3項）、請求の放棄・認諾の場合は、口頭弁論等の期日で行うのがむしろ原則とされていることになります。

(2) 効 果

請求の放棄または認諾により、放棄調書または認諾調書が作成され、訴訟は当然に終了します。判決ではありませんから、上訴はできません。

267条は、「……**請求の放棄若しくは認諾を調書に記載したときは、その記載は、確定判決と同一の効力を有する。**」と規定しています。調書というのは、裁判所書記官が自らが立ち会った手続の経過を記録する書面のことです。確定した給付判決には執行力（強制執行ができる効力。後述150頁）が、形成判決には形成力（法律関係の変動をもたらす効力。後述151頁）が生じますから、給付訴訟における認諾調書には執行力が生じ、形成訴訟における認諾調書には形成力が生じることになります。

ア 既判力の有無

しかし、放棄調書や認諾調書に、確定判決に生じる既判力（一定のことが「決まったこと」になるという効力。後述139頁）も生じるのかどうかについては、見解が分かれています。①「確定判決と同一の効力を有する」（267条）という条文の言葉を重視した既判力肯定説もあり、また反対に、②当事者の意思に基づく紛争解決方式であることを重視した既判力否定説もありま

すが、③＜意思表示の瑕疵がないときは既判力があり、意思表示の瑕疵があるときは既判力がない＞とする制限的既判力説もあります。判例は③の立場を採っている、と見られています。

　　イ　放棄調書・認諾調書の効力を争う方法
　①の既判力肯定説では、請求の放棄・認諾の意思表示に瑕疵があっても、原則としてそれを主張することはできないことになりますが、再審事由がある場合に限って、再審の訴え（338条以下）に準じた独立の訴えによって争える、とされます。②の既判力否定説や③の制限的既判力説では、訴訟が終了していないことを前提とする期日指定の申立てのほか、放棄（または認諾）無効確認の訴え、請求異議の訴えも問題となりますが、当事者の便宜を尊重していずれの方法でもよいとすべきでしょう。なお、請求異議の訴えというのは、簡単に言えば、強制執行を受ける側（債務者側）が原告となって、強制執行をする側（債権者側）を被告として、強制執行を許されないものにしてもらうために提起する訴えです（民事執行法35条）。

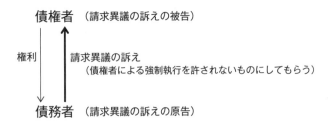

債権者　（請求異議の訴えの被告）

権利　　請求異議の訴え
　　　　（債権者による強制執行を許されないものにしてもらう）

債務者　（請求異議の訴えの原告）

　さて、選択肢問題18（121頁）の選択肢2では、Aが請求の放棄をしたが、錯誤に基づくものであったとして、期日指定の申立てをすることができるかが、問題とされています。既判力肯定説では認められませんが、判例の制限的既判力説であれば認められることになるでしょう（認諾について、錯誤に基づいたことを証明して取り消すことができる、とした判例があります）。

A（貸主）

200万円の貸金返還請求の訴え
  → Aが請求を放棄
    → Aが錯誤に気付いた → Aは期日指定申立て可

B（借主）

3　訴訟上の和解

(1)　意　義

　訴訟上の和解は、当事者が訴訟の係属中に、互いに譲歩し、期日において訴訟を終了させる旨を合意することです。合意された和解条項は、和解調書に記載されることになります。

＜和解調書上の和解条項の例＞

和　解　条　項

1　被告は、原告に対し、本件和解金として、○○万円の支払義務のあることを認める。
2　被告は、原告に対し、前項の金員を、次のとおり分割して、原告名義の○○銀行○○支店普通預金口座（口座番号○○○○○○○）に振り込む方法で支払う。
　(1)　令和○○年○月から令和○○年○月まで毎月末日限り　○○円ずつ
　(2)　令和○○年○月○日限り　　○○円
3　被告が前項の金員の支払を怠り、その額が○○円に達したときは、当然に期限の利益を失い、被告は、原告に対し、第1項の金員から既払額を控除した金員のほか、期限の利益を喪失した日の翌日から支払済みに至るまで残額に対する年○○パーセントの割合による遅延損害金を付加して支払う。
4　原告は、その余の請求を放棄する。
5　原告と被告は、本和解条項に定めるほか、何らの債権債務のないことを相互に確認する。
6　訴訟費用は各自の負担とする。

以上

---

(2)　隣接する制度

　訴訟上の和解と似た制度としては、裁判外の和解や起訴前の和解がありま

す。

裁判外の和解は、選択肢問題 18（121 頁）の選択肢 1 の事案のように、裁判所が関与しない形で当事者が譲歩して締結される契約です（民法上の和解。民法 695 条）（下図の(a)）。

起訴前の和解は、訴えを提起しないで簡易裁判所に和解の申立てをすることによって行われるもので（即決和解。民事訴訟法 275 条。下図の(b)）、裁判所が関与する点では訴訟上の和解と共通していて、両者は併せて**裁判上の和解**と呼ばれます。

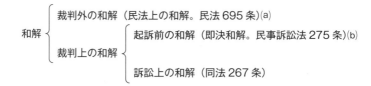

また、簡易裁判所では、「**和解に代わる決定**」という制度も認められています（275 条の 2）。これは、⑴金銭の支払の請求を目的とする訴えの場合で、⑵被告が原告の主張した事実を争わず、その他何らの防御の方法も主張しない場合に、⑶被告の資力その他の事情を考慮して相当であると認めるときは、⑷原告の意見を聴いた上で、裁判所が、5 年以内の分割払の定めをするなどの一定の和解的な判断を示すことができる、というものです。

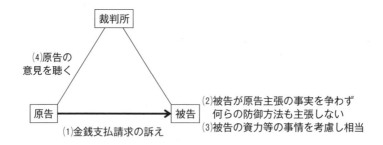

なお、民事訴訟法外の制度ですが、紛争当事者が第三者の仲介により紛争解決の合意をする手続として、**調停**があります。裁判所で行われるものには、民事調停と家事調停とがあり、それぞれ民事調停法、家事事件手続法によって手続が定められています。一定の人事訴訟事件等については、訴えを

提起する前に調停手続を経なければならないとする調停前置主義が採られています（家事事件手続法 257 条等）。

(3) 要件・手続

民事訴訟法 89 条 1 項は、「**裁判所は、訴訟がいかなる程度にあるかを問わず、和解を試み、又は受命裁判官若しくは受託裁判官に和解を試みさせることができる。**」と規定しています。最近の改正で、和解期日の手続は、裁判所が、相当と認めるときは、当事者の意見を聴いて、ウェブ会議等を含む「裁判所及び当事者双方が音声の送受信により同時に通話をすることができる方法」によることができることになりました（同条 2 項・3 項）。訴訟上の和解は、和解期日のほか口頭弁論期日や弁論準備手続期日においても可能で、相当と認めるときは、裁判所外でもできます（規則 32 条 2 項）。

裁判所外ですでに当事者間で和解の話合いができているような場合には、1 回の和解期日で和解が成立することもありますが、通常は、意向のすり合わせのために何回かの和解期日が必要です。

なお、訴訟上の和解については、特殊な手続として、①**書面和解（受諾和解）**と呼ばれるものと、②**裁定和解（仲裁和解）**と呼ばれるものもあります。①は、当事者の一方が期日に出頭しなくても他方が出頭すれば和解の成立が可能となる制度で（民事訴訟法 264 条）、②は、当事者の共同の申立てによって、裁判所等が和解条項を定めるものです（265 条）。

(4) 効 果

請求の放棄・認諾の場合と同様に、訴訟上の和解の成立により、和解調書が作成され、訴訟は当然に終了します。上訴はできません。

267 条は、「**和解……を調書に記載したときは、その記載は、確定判決と同一の効力を有する。**」と規定しています。そこで、執行力と形成力については、認諾調書の場合と同様に問題がないでしょう。

選択肢問題 18（121 頁）の選択肢 3 では、訴訟上の和解で訴訟が終了したが、B が和解内容を履行しない場合に、直ちに強制執行できるかどうか、ということが問題になっています。**和解調書に執行力がある**以上、強制執行は可能ということになります。したがって、強制執行をすることはできないとする選択肢の 3 は誤りで、これが正解となります。

A （貸主）

↓

200 万円の貸金返還請求の訴え
→　訴訟上の和解
→　Bは 100 万円を持参せず　→　Aは 100 万円分の強制執行可

B （借主）

ア　既判力の有無

　和解調書に既判力が認められるかについては、放棄調書や認諾調書の場合と同様に、①既判力肯定説、②既判力否定説、③**制限的既判力説**に分かれていて、**判例は③の立場**であると見られています。

イ　和解調書の効力を争う方法

　請求の放棄・認諾の場合と同様、①では、再審事由に当たる事由がある場合にのみ、再審の訴えに準じた訴えによることになります。②③では、期日指定の申立て、和解無効確認の訴え、請求異議の訴えのうちどこまで認めるかという問題となりますが、この点については判例があり、いずれの方法によることも認めています。

ウ　訴訟上の和解を解除した場合の従前の訴訟への影響

　訴訟上の和解が有効に成立した後、その**和解の内容である私法上の契約が債務不履行によって解除された場合**には、訴訟上の和解によって終了した訴訟が終了していなかったことになって復活するのか、という問題があります。しかし、これについて、判例、通説は、**訴訟は復活しない**としています。そのような解除は、民法上の法律関係を和解前の状態に戻すものではあっても、訴訟手続との関係では、訴訟が完全に終了した後の事情ですから、訴訟は復活しないとしていいでしょう。

　選択肢問題 18（121 頁）の選択肢 4 では、訴訟上の和解で訴訟が終了したが、Bが和解内容を履行しないので、催告の上和解を解除して、再度訴えを提起することができるか、ということが問題となっています。前の訴訟が復活しない以上、再訴は可能ということになるでしょう。

A（貸主）

200 万円の貸金返還請求の訴え
　→　訴訟上の和解
　　　→　Bは 100 万円を持参せず　→　Aは和解を解除し、再訴が可

B（借主）

4　確認問題（正誤問題）

まとめとして、確認問題（正誤問題）を掲げておきます。

1　被告が本案について応訴した場合、原告が訴えを取り下げるには、被告の同意を要する。
2　訴えを取り下げた場合、いつでも再度訴えを提起することができる。
3　原告が所有権に基づく建物明渡請求の訴えを提起した場合、被告が原告の所有権を認めることは請求の認諾に当たる。
4　給付訴訟において請求の放棄があり調書が作成された場合、その調書には「確定判決と同一の効力」があるから、執行力は認められる。
5　判例によれば、訴訟上の和解が無効であることを主張するには、期日指定の申立て、和解無効確認の訴え、請求異議の訴えのどれによってもよい。

---

1 は、○です。民事訴訟法 261 条 2 項。

2 は、×です。本案についての終局判決後は、再訴が禁止されます。262 条 2 項。

3 も、×です。これは、権利自白となります。請求の認諾は訴訟物のレベルで認める場合です。

4 も、×です。請求の「放棄」は権利がないことを認めた場合ですから、放棄調書に執行力は生じません。

5 は、○です。ただ、請求異議の訴えは、債務者側が訴えを提起する場合の話です。

1 総 説

(1) 裁判の形式

裁判所または裁判官の判断を裁判と言います。開始された訴訟は、「判決」という裁判によって裁判所の判断が示され、その審級での手続が終了するというのが、本来一般的に予定されていることです。しかし、裁判には、そのほかに、例えば移送決定のように「決定」という形式の裁判もありますし、訴状却下命令（前述 29 頁）のように「命令」という形式の裁判もあります。

このように、民事訴訟法上、**裁判の形式には、判決、決定、命令の３種類が**あります。決定や命令というのは、単なる裁判の形式の用語で、日常用語のように「決める」とか「命じる」という意味はありませんので、注意が必要です。

ア 判 決

判決は、裁判所の判断で、その判断に至る手続には、**必要的口頭弁論の原則**（64 頁）**が妥当します**（87 条 1 項）。また、その判断を示すには、原則として、あらかじめ作成した**判決書の原本に基づいて言い渡すことが必要**とされます（252 条）。**判決に対する上訴方法は、控訴**（後述 185 頁）、**上告**（後述 189 頁）です。

このように、**判決の場合、手続は最も慎重な**ものとなります。

イ 決 定

決定も、裁判所の判断ですが、その判断に至る手続には、**必要的口頭弁論の原則は妥当せず、**口頭弁論を開いた場合にも、任意的口頭弁論で、書面審理の補充として審理が行われるにすぎないことになります。また、決定の判断は、原本に基づく言渡しは必要とされず、**相当と認める方法で当事者に告知すればよい**とされています（119 条）。**決定に対する上訴方法は、抗告**（後述 193 頁）、**再抗告**ですが、抗告がそもそも認められない決定の場合もあります。

決定と次に挙げる命令には、「その性質に反しない限り、判決に関する規定を準用する」とされています（122 条）。

ウ 命 令

命令は、裁判「官」の判断です。他の点は、決定についてと同じに扱われます。訴訟法上の意味の裁判所（17頁）が一人制である場合には、事実上、その人の判断が「裁判所」の判断であって、「裁判官」の判断でもあることになりますが、命令は、法律上、裁判所としての判断とは明確に区別された裁判官としての判断で、裁判所とは独立に判断する必要がある場合に用いられます。

なお、文書提出命令のように、内容から「命令」と呼ばれながら裁判形式としては「決定」であるものがありますので、注意が必要です。

裁判の種類	主 体	審理手続	判断を示す方法	上訴方法
判 決	裁判所	必要的口頭弁論の原則	判決書の原本に基づく言渡し	控訴、上告
決 定	裁判所	書面主義、任意的口頭弁論	相当と認める方法で告知	（抗告、再抗告）
命 令	裁判官	（決定と同じ）	（決定と同じ）	（決定と同じ）

(2) **判決の種類**

判決にも、次のようにいろいろな種類があります。

ア 終局判決、中間判決

終局判決とは、その審級での審理を終結する判決です。243条1項は、「裁判所は、訴訟が裁判をするのに熟したときは、終局判決をする。」と規定しています。

これに対し、**中間判決は、審理を整序する手段としての判決で、終局判決でないもの**を言います（245条）。最終的な判断の前提となるような一定の問題について区切りを付けて、審理を合理的に行うようにするためのものです。

イ 全部判決、一部判決

訴訟事件の全部について判断した判決が全部判決で、その一部について判断した判決が一部判決です（243条2項）。

例えば、原告が同じ被告に対して貸金返還請求と売買代金請求とを併せて

訴えを提起した場合（そのような訴え自体は許されています。136条）、その一方について裁判をするのに熟したのであれば、それについて一部判決をすることができます。

　一部判決も、審理を整序する手段としての判決ではありますが、終局判決であるという点で、中間判決と異なります。一部判決は、終局判決であって、独立して**上訴の対象となります**から、残部判決とは上訴審で訴訟手続が別々となります。

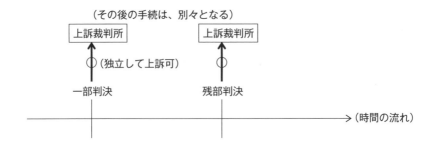

ウ　本案判決、訴訟判決

　判決には、本案判決と訴訟判決という区別もあります。

　本案判決というのは、前述のように、**訴訟上の請求の当否について判断する判決**で、原告の主張する権利を認める請求認容判決と、認めない請求棄却判決とがあります。もちろん、一部認容判決もあります。

　これに対して、**訴訟判決**というのは、**訴訟要件**（前述51頁）**が1つでも欠けているために、訴えが不適法であるとしてこれを却下する判決**（訴え却下判決）です。したがって、この場合には、請求の当否について判断しないことになりますので、俗に門前払いの判決とも言われます。

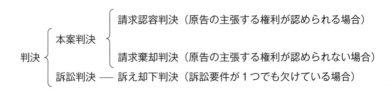

　決定や命令の場合は、手続法上の要件と申立ての内容上の要件との区別が必ずしも明確でないこともあり、申立ての内容に立ち入って判断して申立て

に理由がないという場合（本来は「棄却する」という場合）でも、「却下する」という言葉が使われることが多いようです。

(3) 判決の言渡し
ア 意　義
判決は、言渡しによって効力が生じます（250 条）。前述のように、あらかじめ作成した判決書に基づいて言い渡すことが必要です（252 条）。

　判決の結論部分は、「主文」の欄に記載されますが、訴訟費用の負担割合や必要に応じて仮の強制執行を許す仮執行宣言（259 条）も主文に記載され

＜ごく簡単な判決書の例（在来様式）＞

令和2年（ワ）第23456号求償金請求事件
口頭弁論終結日　令和3年2月7日
判　　　　決
東京都千代田区東町15丁目2番地1
原　　　　　告　海　老　野　椎　夫
同訴訟代理人弁護士　甲　野　太　郎
横浜市西区西町152番地
被　　　　　告　狩　野　庄　二
主　　　　文
1　被告は、原告に対し、825万1357円及びこれに対する平成27年2月
　　18日から支払済みまで年15パーセントの割合による金員を支払え。
2　訴訟費用は被告の負担とする。
3　この判決は、仮に執行することができる。
事　　　　実
第1　当事者が求めた裁判
　1　請求の趣旨
　　　主文同旨
　2　請求の趣旨に対する答弁
　　(1)　原告の請求を棄却する。
　　(2)　訴訟費用は原告の負担とする。
第2　当事者の主張
　1　請求原因
　　　別紙のとおり。
　2　請求原因に対する認否
　　　すべて認める。
　3　抗弁（商事消滅時効）

- 1 -

(1)　平成２４年１１月２７日から５年が経過した。

　　(2)　被告は、原告に対し、令和３年１月１０日の本件口頭弁論期日において、上記時効を援用した。

　４　再抗弁（時効の中断）

　　(1)　平成２５年７月２９日、原告の本訴請求債権を被担保債権とする抵当権に基づき、被告所有不動産について、不動産競売開始決定がされた。

　　(2)　同不動産競売手続では、平成３０年１１月１２日に配当が実施された。

　５　再抗弁に対する認否

　　　(1)の決定がされたこと、(2)の配当要求が実施されたことはいずれも認めるが、日付けについてはいずれも知らない。

理　　　由

１　請求原因については、いずれも争いがない。

２　抗弁(1)及び(2)は、いずれも当裁判所に顕著である。

３　再抗弁について

　(1)　甲第６号証によれば再抗弁(1)の事実が、また、同第８号証によれば同(2)の事実が、それぞれ認められる。したがって、本訴請求に係る債権については、遅くとも平成２５年７月２９日には時効が中断し、その上で平成３０年１１月１３日から新たな時効期間が進行しているというべきである。

　(2)　よって、再抗弁は理由がある。

４　以上によれば、原告の本訴請求は理由があるからこれを認容することとし、訴訟費用の負担について民訴法６１条を、仮執行の宣言につき同法２５９条１項を、それぞれ適用して、主文のとおり判決する。

　東京地方裁判所民事第６０部

　　　　裁判官　　　　○　○　○　○　　　印

- 2 -

ることになります。なお、訴訟費用の具体的な額は、申立てにより裁判所書記官が定めることになっています（71条）。

　イ　調書判決

　254条１項は、判決の言渡し方法の例外として、

① 「被告が口頭弁論において原告の主張した事実を争わず、その他何らの防御の方法をも提出しない場合」と

② 「被告が公示送達による呼出しを受けたにもかかわらず口頭弁論の期日に出頭しない場合（被告の提出した準備書面が口頭弁論において陳述されたものとみなされた場合を除く。）」

のどちらかの場合で、**原告の請求を認容するときは、判決の言渡しは、判決書の原本に基づかないですることができる**、と規定しています。この場合、裁判所は、判決書の作成に代えて、裁判所書記官に、判決に欠かせない一定の事項を、判決の言渡しをした口頭弁論期日の調書に記載させなければならないことになっています（同条2項）。この調書が判決書の代わりになるので、この調書を実務上**調書判決**と呼んでいます。調書判決は、制度としては例外的なものですが、実務ではきわめて日常的なものです。

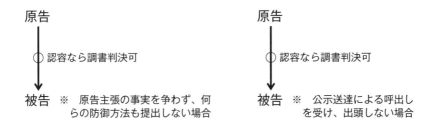

原告

↓ 認容なら調書判決可

被告　※　原告主張の事実を争わず、何らの防御方法も提出しない場合

原告

↓ 認容なら調書判決可

被告　※　公示送達による呼出しを受け、出頭しない場合

＜調書判決の例＞

事件の表示	令 和 3 年 （ワ） 第 1 2 3 4 5 号	裁判官認 印	印

第 2 回 口 頭 弁 論 調 書 （ 判 決 ）				
場所及び公開の有無	東京地方裁判所民事第60部法廷で公開	期日	令和3年6月13日　午後　1時10分	
裁 判 官	○　　○　　○　　○	出頭した当事者等	（なし）	
裁判所書記官	末尾記載の裁判所書記官			

弁論の要領（ただし，該当事項欄□に認印をしたものに限る。）	
裁判官	次のとおり主文及び理由の要旨を告げて判決言渡し
当 事 者	□　別紙訴状（代わる準備書面）写しの当事者欄記載のとおり 印□　別紙当事者目録記載のとおり
主 文	□　別紙訴状（代わる準備書面）写しの請求の趣旨記載のとおり □　この判決は仮に執行することができる 印□　別紙主文記載のとおり
請 求	□　別紙訴状（代わる準備書面）写しの請求の原因欄記載のとおり □　別紙準備書面（平成　　年　　　月　　　日付け）写し記載のとおり 印□　別紙請求記載のとおり
理由の要旨	印□　被告は，本件口頭弁論期日に出頭せず，答弁書その他の準備書面を提出しない。したがって，被告において請求原因事実を争うことを明らかにしないものとして，これを自白したものとみなす。 □　被告は，公示送達による呼出しを受けたが，本件口頭弁論期日に出頭しない。証拠によれば，請求原因事実はすべて認められる。 □　別紙理由の要旨記載のとおり
弁論終結日	令和3年6月13日

裁判所書記官　△　　△　　△　　△　　印

※　「印」とあるのは，認印があることを表す。

ウ　送　達

　判決の言渡し後、判決書または調書判決が当事者に送達され（255条）、当事者が送達を受けた日から2週間の控訴期間が進行することになります（285条）。

2 判決の効力

(1) 総 説

判決が言い渡されますと、判決が一定の意味を持つようになり、それを判決の効力とみて種々の議論がされています。判決が確定した場合の効力の種類としては、①自己拘束力（自縛力）、②既判力、③執行力、④形成力などがあります。②以下は、判決が言い渡されるだけではなく確定（116条。5頁）した場合に生じる効力ですが、③は判決確定前でも仮執行宣言（259条。150頁）が付されていれば生じます。

(2) 自己拘束力（自縛力）

判決を言い渡すと、その判決を言い渡した裁判所自身も、もはやその判決の内容を変えることができなくなります。これを判決の効力とみて、自己拘束力または自縛力と呼んでいます。ただし、例外もあります。

例外の1つは、**判決の更正**で、257条1項は、「判決に計算違い、誤記その他これらに類する明白な誤りがあるときは、裁判所は、申立てにより又は職権で、いつでも**更正決定**をすることができる。」と規定しています。この規定は、和解調書に誤記等がある場合にも類推適用されます。

もう1つは**判決の変更**で、256条1項本文は、「裁判所は、判決に法令の違反があることを発見したときは、その言渡し後一週間以内に限り、**変更の判決**をすることができる。」と規定しています。しかし、この規定は、実際上ほとんど使われていません。

(3) 既判力

ア 総 説

既判力は、実務では問題となることが多くはありませんが、民事訴訟制度を理論的に深く理解する上で重要です。

そもそも、原告と被告とが訴訟を行い、裁判所が判決で判断を示し、その判断が再審以外の通常の方法ではもはや覆らない（確定した）という場合には、その判断によって何かが公的に「決まったこと」になっているはずです。何も決まったことにならないのであれば、両当事者にとっても裁判所にとっても、訴訟手続を行った意味がないからです。そして、民事訴訟法では、**訴訟物についての裁判所の判断が決まったことになる**とされ、**判決確定以降、両当事者や裁判所はその判断に拘束される**ことになります。そのような事

態を判決の効力によるものとみて、既判力と言うのです。そして、前訴判決で訴訟物である原告の権利の有無について一定の判断が示され、その判決が確定した場合には、その判断は、同じ権利が問題になる後訴において争うことはできず、後訴の裁判所でも、その判断を前提として判決がされることになります（後訴は訴えの利益を欠くとされる場合もあります。52頁）。

例えば、XとYとの間で、ある建物の所有権がXにあるかどうかが問題となり、XがYに対して、その建物の所有権を有することの確認の訴え（前訴）を提起したところ、裁判所が、Xの所有権の有無について一定の判断を示し、その判決が確定したとします。その場合には、Xの所有権の有無についての判断は、裁判所によって公的にされたことであり「決まったこと」とされ、もしXY間の訴訟（後訴）で再度Xの所有権が問題となった場合には、当事者は前訴判決の判断と違ったことが言えず、裁判所もその判断を前提にしなければならない、とされているのです。これが判決の既判力の作用です。

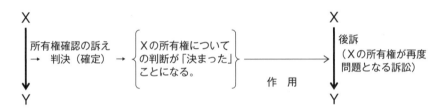

このように、既判力とは、確定判決の訴訟物の判断について生じる拘束力で、確定判決後、後訴でその訴訟物が問題となったときに紛争の蒸し返しを防止する効力である、ということになります（なお、一定の前訴が終了した後の後訴については、既判力の範囲を超えて信義則によって蒸し返しが制限されることがあります〔判例〕）。

そして、確定判決によって「決まったこと」になる範囲、つまり既判力の範囲は、今触れたような、①原則として訴訟物の判断に限られること（既判力の客観的範囲）という点を含め、②口頭弁論終結時における法律関係の判断にすぎないこと（既判力の時的限界）、③前訴当事者と一定範囲の人にしか及ばないこと（既判力の主観的範囲）、という3つの観点で問題になります。

以下、この3点について、便宜上、②の既判力の時的限界の問題からみていきますが、ここで、選択肢問題を掲げておきましょう。

<**選択肢問題 19**>

　Xが、Yに対し、ある土地の所有権がXにあることの確認の訴え（前訴）を提起したところ、判決は、時効取得を理由としてその土地の所有権がXにあることを認め、X勝訴の判決が確定した。その後において次のような各請求をした場合、前訴の確定判決の蒸し返しの主張となるものはどれか（各選択肢は独立のものとする）。

1　Yが原告となって、Xに対し、「Xは、前訴を提起する前に、実は、Yにその土地を売却していた」と主張して、その土地の所有権がYにあることの確認を請求する場合

2　Yが原告となって、Xに対し、「前訴の判決言渡しの直前に、XがYにその土地を売却した」と主張して、その土地の所有権がYにあることの確認を請求する場合

3　Yが原告となって、Xに対し、「Xはその土地を時効取得したのではなく、実はYがXに売却したものである」と主張して、売買代金を請求する場合

4　第三者Zが原告となって、Xに対し、その土地の所有権がZにあることの確認を請求する場合

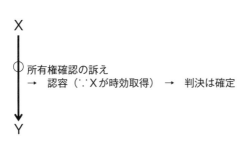

　正解は1です。さらに既判力の説明をしながら、各選択肢について解説したいと思います。

イ　既判力の時的限界

　民事上の権利は、時間とともに変動します。例えば、所有権は売買等によって取得したり失ったりすることが起こります。したがって、原告の所有権の有無といっても、いつの時点のことなのかが問題となります。同様に、貸金返還請求権についても、弁済により消滅しますし、債権譲渡があれば帰

属が移転することになりますから、その権利の有無は、いつの時点かが特定されないと判断できないことになります。

　そこで、裁判所が、訴訟物となっている原告の権利について判断する場合にも、その判断は一定時点における権利の有無の判断ということになり、それは、両当事者が判断資料の提出ができた最終時点である口頭弁論終結時とするのが合理的であると考えられます。そのようにして、既判力の基準となる時点（この時点を**既判力の基準時または標準時**と言います。）は、口頭弁論終結時とされています。ただし、法律審である上告審（後述190頁）においては事実関係の資料は基本的に提出できませんので、ここでいう口頭弁論終結時は、**事実審（控訴審、控訴がされなかった場合は第1審）の口頭弁論終結時**ということになります。

　反対に、その時点以外の時点における権利の有無については、中心的な判断がされていないので拘束力を生じさせることはできないと考えられているため、既判力が基準時における判断の拘束力であることを**既判力の時的限界**と言うわけです。

　そうすると、裁判所の判断はその基準時における権利の有無についての判断ですから、基準時よりも前に存在した事由で基準時における権利の有無に影響するものは、当事者が事前に提出すべきであったとされ、後でその事由を持ち出して基準時の判断を争うことは許されない、と考えられます。それについて過失の有無も問わないとされています。

　例えば、XがYに対して貸金返還請求権を有すると判断され、その判決が確定した場合には、Yが、その後に（下図の②の時点で）、「基準時よりも前に（①の時点で）弁済があったから、基準時にXの権利はなかった。」と主張することは許されないことになります。そうでないと、いつまでも蒸し返しが可能となって、訴訟をして判決で判断が示された意味がなくなってしまうからです。もちろん、基準時後に弁済したことであれば、後訴で主張するこ

とができます。

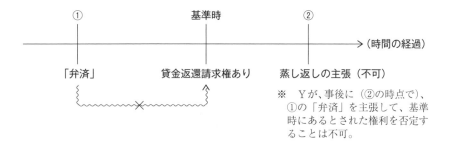

※　Ｙが、事後に（②の時点で）、
①の「弁済」を主張して、基準
時にあるとされた権利を否定す
ることは不可。

　このように、**判決確定後は、当事者が基準時前に存在した事由を主張して基準時における権利についての判断を争うことはできません。**これを**既判力による遮断効の作用**と言います。強制執行を排除するための請求異議の訴えを定める民事執行法 35 条 2 項は、「確定判決についての異議の事由は、口頭弁論の終結後に生じたものに限る。」とし、遮断効を前提とした規定を置いています。ただし、形成権（前述 25 頁）のうちの相殺権（民法 505 条以下）や建物買取請求権（借地借家法 13 条 1 項）については、基準時前に行使可能だった場合でも遮断されない、というのが判例です。

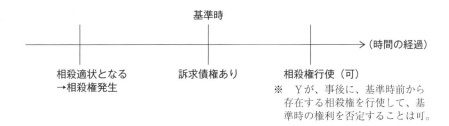

※　Ｙが、事後に、基準時前から
存在する相殺権を行使して、基
準時の権利を否定することは可。

　そうすると、選択肢問題 19 の選択肢 1 は、Ｙが前訴提起前の時点で生じた事由を主張するというもので、前訴判決の基準時前の事由の主張ですから、この主張は遮断されることになります。この事例では、後訴では原告がＹ、被告がＸになっていて、Ｙの所有権が訴訟物となっていることも問題になりますが、民法上 1 つの物には 1 つの所有権しか成立しないという一物一権主義からは、Ｘの所有権とＹの所有権は両立しませんので、後訴でＸの所有権も問題になる以上、前訴判決の既判力は後訴に作用することになりま

す。したがって、選択肢の1が正解となります。この場合も、前訴判決の基準時から後訴の口頭弁論終結時までに新たな事由がないことが確認されれば、後訴は請求棄却になります。

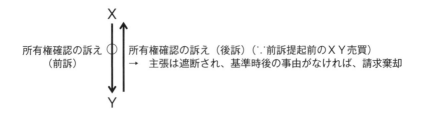

これに対して、選択肢の2は、「判決言渡しの直前に」発生した事由を主張していますので、前訴判決の基準時後の事由の主張とみることができるでしょう。そうだとすると、この主張は遮断されない、つまり蒸し返しとは評価されないものと考えられます。

ウ　既判力の客観的範囲

民事訴訟法114条は、1項で、「**確定判決は、主文に包含するものに限り、既判力を有する。**」と規定し、2項で、「**相殺のために主張した請求の成立又は不成立の判断は、相殺をもって対抗した額について既判力を有する。**」と規定しています。1項は、既判力が原則として判決の主文に含まれているものについてだけ生じる（判決の理由中の判断については生じない）ことを規定し、2項は、相殺が主張された場合には、例外的に、判決の理由における自働債権についての判断についても既判力が生じる、ということを規定していることになります。これらが、**既判力の客観的範囲**を定めた規定です。「客観的」といっても、例えば日常で「客観的事実」などのように使われる通常の意味とは違い、その原告と被告との間の問題であることを前提に「どこまでの事柄にか」という意味で使われているにすぎません（同じように、「既判力の主観的範囲」と言った場合の「主観的」とは、「どこまでの人にか」という意味で使われています）。

このうち1項にいう主文とは、判決の結論部分で、訴訟物についての裁判所の判断を意味します。ただし、判決書の主文の記載は簡潔に記載するのが例で、訴訟物がどのようなものであるのかは、判決の主文の欄だけではなく、判決の事実の欄も参照して判断しなければなりません。例えば「原告の請求を棄却する。」という場合には、主文だけでは訴訟物は全く不明で、ま

た、「被告は、原告に対し、1000万円を支払え。」という主文の場合でも、それだけでは訴訟物が特定しませんので、判決の事実の欄に記載された請求の趣旨や請求の原因を参照する必要があります。

　㋐　訴訟物論との関係

　既判力の客観的範囲は、原則として訴訟物についての判断の範囲ですから、確認訴訟の場合を除き、**訴訟物論**（33頁以下）**によって異なる**ことになります。

　例えば、所有権に基づく建物明渡請求の訴えについて請求棄却が確定した場合、①実務が採っている旧訴訟物理論では、その判決の既判力の客観的範囲は、その建物についての所有権に基づく建物明渡請求権のみに限られ、賃貸借契約終了に基づく建物明渡請求権にまでは及ばないことになりますが、②学説の多数説が採っている新訴訟物理論では、その判決の既判力の客観的範囲は、その法的根拠（所有権に基づくのか、賃貸借契約終了に基づくのか等）を問わない建物明渡請求権一般に及ぶ、ということになります。

　㋑　判決理由中の判断一般

　判決理由中の判断については、原則として既判力が生じません。例えば、ある物について原告の所有権を確認する判決の場合、基準時に原告が所有権を有することについて既判力が生じるのであって、所有権を有すると判断された理由（売買、時効取得等による所有権の取得）については既判力が生じません。

　そうすると、選択肢問題19の事例も、時効取得については既判力が生じていないことになりますから、選択肢の3のように売買があったとして代金を請求することも、既判力に触れる主張をしているわけではないことになります。

　判決理由中の判断に既判力が生じない理由としては、①当事者が敗訴した場合の不利益を明示すべきであること、②訴訟物の前提について拘らない審理をするのが合理的であること、が挙げられています。①は、訴えにより訴

訟物についての判断が求められている以上、その結論にのみ既判力が生じるとするのが明快で当事者の予想を裏切らない、ということを意味します。反対に、理由中の判断にまで拘束力が生じるとすると、その範囲は当事者の予想外のことになりうるわけです。また、②は、訴訟では訴訟物についての判断が最終的な問題となっていますから、それを目指していわば最短距離の審理のみがされるようにすべきであって、そのために、前提にすぎない点については審理を柔軟にして結論を導くのが合理的である、ということを意味します。もし、訴訟物の前提にすぎない点についても既判力が生じるとすると、訴訟物の前提となるあらゆる問題について慎重に審理しなければならなくなり、訴訟経済上も好ましくないことになるでしょう。

　（ウ）　相殺の自働債権についての判決理由中の判断

　例外として判決理由中の判断に既判力が生じる場合が、114条2項が規定する相殺の場合です。

　相殺の場合に、被告の反対債権（相殺に供する自働債権）についての判断に既判力が生じる理由は、一言でいうと、訴求債権の存否の紛争が反対債権の存否の紛争として蒸し返されることを防止するためです。やや細かくなりますが、そのことを具体的に見てみましょう。

　例えば、XがYに対して貸金返還請求をしたところ、YがXに対する対当額の債権で相殺する旨を主張した場合を考えます。ここでは、訴求債権（受働債権）であるXの債権をα債権、反対債権（自働債権）であるYの債権をβ債権と呼ぶことにします。

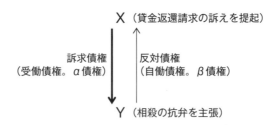

　まず、α債権が存在するのにβ債権が存在しないとして相殺を認めず、Xの請求を認容する判決が確定した場合を考えますと、その後に、Yがβ債権を主張して支払請求することは、既判力によって許されません。これは、114条2項の適用によるわけです。この場合の前訴の訴訟物はα債権で、

β債権は訴訟物ではなく判決理由中の判断の対象にとどまりますので、同条1項では後訴でのβ債権の主張は禁止されません。しかし、もし前訴判決確定後にYが改めてβ債権の主張ができるというのでは、Xにとっては、前訴でβ債権の主張を退けてα債権を認めてもらったという意味がなくなってしまいます。

そこで、このように、訴求債権の存否の紛争（前訴）が反対債権の存否の紛争（後訴）として蒸し返されることを同条2項で防止したのです。

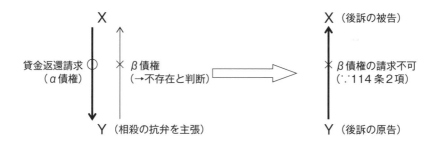

もう1つは、Yの相殺の抗弁が認められ、相殺によってα債権もβ債権も消滅したとして、Xの請求を棄却する判決が確定した場合です。この場合も、その後に、Yがβ債権を主張して支払請求することは、既判力によって許されません。これも、114条2項の適用によるわけです。やはり、前訴の訴訟物はα債権で、β債権は判決理由中の判断の対象にとどまりますので、同条1項では後訴でのβ債権の主張は禁止されません。しかし、この場合も、もし前訴判決確定後にYが改めてβ債権の主張ができるというのでは、Xにとっては、前訴でβ債権の消滅と引換えにα債権も消滅することになったという意味がなくなってしまいます。

そこで、やはり、このように、訴求債権の存否の紛争（前訴）が反対債権の存否の紛争（後訴）として蒸し返されることを同条2項で防止したのです。

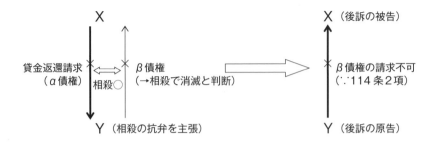

エ 既判力の主観的範囲

既判力の主観的範囲とは、既判力が及ぶ人的範囲ということであって、**どの範囲の者が判決の効力によって拘束されるのか**、という問題です。

まず、通常、当事者には訴訟手続に関与できたという意味で手続保障があり、当事者でない者にはそのような手続保障がありませんから、その意味で既判力が及ぶ人的範囲は当事者に限られるのが原則になります。

しかし、それ以外の者にも拡大することがあります。既判力の主観的範囲については、115条1項が、次の者を挙げています。

① 当事者

② 当事者が他人のために原告または被告となった場合のその他人

③ ①②の者の口頭弁論終結後の承継人

④ ①～③の者のために請求の目的物を所持する者

これらのうち、②は、前述（54頁）した債権者代位訴訟のような訴訟担当の場合のことです。債権者代位訴訟では、一定の要件の下に、例えば、原告Aが、債務者Bに代位して、Bの被告Cに対する権利を行使するわけですが、この場合の債務者Bは、②の「他人」に当たり、AC間の判決の既判力はBに及ぶと考えられているわけです。選定当事者（前述55頁）による訴訟の場合の選定者も同様です。

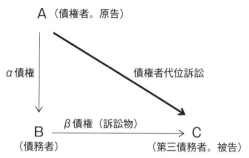

A （債権者。原告）

α債権

債権者代位訴訟

B　　β債権（訴訟物）　　C
（債務者）　　　　　　　（第三債務者。被告）

※　ＡＣ間の判決の既
判力はＢにも及ぶ。

　また、上の③の「口頭弁論終結後の承継人」というのは、例えば、訴訟物となっていた権利について口頭弁論終結後に相続や債権譲渡があったような場合に、新たな権利者が判決の効力を引き継げるということです（義務者側の承継の場合も同じです）。なお、口頭弁論終結「前」の承継人については、既判力の主観的範囲の問題ではなく、訴訟承継の問題となりますので（後述181頁）、注意が必要です。

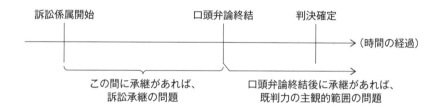

訴訟係属開始　　　　　　　口頭弁論終結　　　　判決確定

→（時間の経過）

この間に承継があれば、
訴訟承継の問題

口頭弁論終結後に承継があれば、
既判力の主観的範囲の問題

　④の目的物の所持者に既判力が及ぶとされているのは、その者が、寄託契約（民法657条以下）における受寄者のように、実体的な自己の利益を有していないためです。これに対して、目的物の賃借人は、目的物に対して賃借権という自己の実体的利益を有していますので、これに当たりません。なお、④については、口頭弁論終結前からの所持者も含まれます。
　さて、選択肢問題19（141頁）を掲げたところから遠くなってしまいましたが、その選択肢の4は、第三者Ｚが原告となって所有権の確認を請求するものでした。第三者Ｚについては限定がありませんが、上のどれにも該当しない第三者ということであれば、Ｚの所有権の主張は既判力に触れない

ことになります。

(4) 執行力

確定判決の**執行力**とは、**強制執行を実施することができること**を、確定判決の効力とみて言います。判決の3種類のうちで執行力を有するのは給付判決に限られますが、他方で、執行力を有する文書は、確定判決に限られず（民事執行法22条）、仮執行宣言付判決（同条2号）、執行証書（同条5号）、和解調書（同条7号）等があります（**債務名義**と呼ばれます）。仮執行宣言付判決は、未確定の1審判決や控訴審判決でも「仮に執行することができる。」という言葉が主文に入っていると強制執行ができる、というものです。

なお、上に見たような執行力を狭義の執行力と呼び、それに対比させたものとして、**広義の執行力**という言葉も使われています。これは、民事執行法上の強制執行手続によらないで判決内容に合った状態を実現できる効力を言います。

例えば、不動産の売買があった場合（下図の左の①）、買主は、自分の所有権を守るために、売主の協力を得て、共同で登記官に対して所有権移転登記の申請をする必要がありますが（②）、売主が協力しない場合には、買主が、売主に対して、所有権移転登記手続請求の訴えを提起することになります（下図の右の②）。この訴えは、被告（この場合は売主）に登記官への意思表示をするよう求める訴えと考えられています。その認容判決は、原則として判決確定時に意思表示をしたものとみなされる（民事執行法177条）、という形でその強制執行も直ちに終了しますが（③）、その後、原告は、登記簿の記載を実際に変えるために、不動産登記法63条1項により単独で登記の申請をすることができることになります（④）。このようなことが、確定判決の広義の執行力によるものと説明されているわけです。

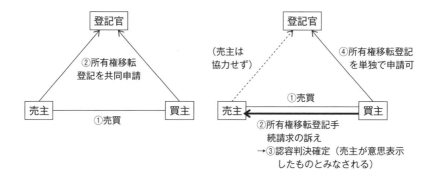

(5) 形成力

　形成力とは、**形成判決が確定した場合に法律関係の変動が生じるとされること**を、判決の効力とみて言います。例えば、形成判決の典型例である離婚判決の場合、離婚を認める判決の確定により、離婚という法律関係の変動が生じます。これを、確定した離婚判決に形成力があると表現することになるわけです。

(6) 法律要件的効力

　判決の確定が実体法の規定の要件となっている場合に、判決の効力とみて、**法律要件的効力**と言います。

　例えば、民法 169 条 1 項は、「確定判決又は確定判決と同一の効力を有するものによって確定した権利については、十年より短い時効期間の定めがあるものであっても、その時効期間は、十年とする。」と規定していますので、判決の確定によって、判決で認められた権利の時効期間が 10 年になる、という法律効果が発生します。そこで、このような効果が発生することを、確定判決の効力として法律要件的効力と呼んでいるわけです。

3　確認問題（正誤問題）

　まとめとして、確認問題（正誤問題）を掲げておきます。

1　裁判には、判決、決定、命令の 3 種類のものがある。
2　一部判決に対しては、独立に上訴することができる。

3　訴訟判決とは、訴訟要件が満たされていることを確認する判決である。

4　判決は、送達のときに効力が生じる。

5　売買代金請求の訴えが認容され判決が確定した場合、その訴訟の被告は、代金債務を負っていない理由として、その売買契約が無効であったことを主張することはできない。

6　貸金返還請求の訴えに対して、被告が対当額の債権による相殺を主張したところ、裁判所が相殺を認めて請求棄却の判決をなし、それが確定した場合、被告の債権は訴訟物でない以上、それについての判断には既判力は生じない。

7　前訴の当事者の口頭弁論終結前の承継人には、確定判決の既判力が及ぶ。

1は、○です。

2も、○です。

3は、×です。訴訟要件が欠けているために、訴えを不適法であるとして却下する判決です。

4も、×です。言渡しのときに効力が生じます。

5は、○です。売買契約の無効事由は、契約時にあったものですから、当然に口頭弁論終結前のものです。したがって、その無効の主張は既判力で遮断されることになります。

6は、×です。民事訴訟法114条2項が適用になります。

7も、×です。口頭弁論終結「前」の承継人には、既判力は及びません。訴訟承継の問題になります。

第**14**章 請求の客観的複数

　前章で、第1審手続のあらましは終了ということになります。ただ、第1審手続でも複数の請求（訴訟物）が扱われる場合、つまり、①＜1つの訴訟手続で原告と被告は各1人で、訴訟物が複数ある場合＞や、②＜1つの訴訟手続で当事者の少なくとも一方が複数になっているか、第三の当事者が登場する場合＞のことは、やや難しい問題になりますので、多くの概説書と同様に後回しにして、本章と次章とで扱うこととしました。本書では、①を請求の客観的複数、②を請求の主観的複数と呼び、本章ではまず前者をみることにします。

複数の請求が扱われる場合
①請求の客観的複数（1つの訴訟手続で原告と被告は各1人で、訴訟物が複数ある場合）
②請求の主観的複数（1つの訴訟手続で当事者の少なくとも一方が複数になっているか、第三の当事者が登場する場合）

＜①の例＞　原告　——————→　被告
　　　　　　　　　——————→

＜②の例＞　原告　——————→　被告
　　　　　　　　　　　——————→　被告

1　請求の併合
(1)　意　義

　まず、例えば、Xが、Yに対して、1つの訴えで、消費貸借契約があったことを理由に貸金返還請求をするとともに、それとは別の売買契約もあったことを理由に売買代金請求もする、というような場合があります。これについては、136条が、**請求の併合**として、「**数個の請求は、同種の訴訟手続による場合に限り、一の訴えですることができる。**」と規定しています。

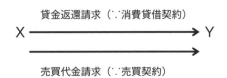

貸金返還請求（∵消費貸借契約）

X ⟶ Y

売買代金請求（∵売買契約）

　そうすると、複数の請求の間の関連性は、あってもなくてもよいことになります。これは、被告はいずれにしても裁判所に出頭しなければなりませんから、訴訟手続が１つの方がむしろ都合がよいわけですし、もし裁判所の審理が煩雑となる場合には、弁論を分離すればよいからです。

(2)　併合の態様
　請求の併合には、次のような３つの態様があります。
ア　単純併合
　まず、**単純併合**と呼ばれる場合があり、これは、前述の貸金返還請求と売買代金請求とを併合した場合のように、**複数の各請求について独立に主文で判断を示す必要がある場合**です。
イ　予備的併合
　予備的併合というのは、例えば、売主Ｘが買主Ｙに対して売買代金請求をし、これと併せて、もし売買が無効であればすでに引き渡した目的物の返還請求をする、というような場合です。つまり、一般的に言えば、複数の請求に論理的に両立しない関係があるときに（例えば売買の有効と無効とは両立しません）、順位を付けて申し立て、**主位（的）請求が認められることを予備（的）請求**（副位〔的〕請求とも言います。）**の申立ての解除条件とする**わけです（解除条件とは、効果の消滅が将来の不確実な事実にかかっている場合のことです。ここでは、一定の条件が成就したら請求の申立てをしていないことにする、という意味で使われていることになります）。ですから、簡単に言えば、上の例では、＜もし売買代金請求を認めてくれるのであれば、目的物の返還請求の方はなかったことにしますから、裁判所はそれについて判断しなくていいですよ。＞と言っていることになります。

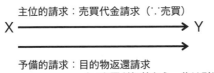

主位的請求：売買代金請求（∵売買）

X ────────────→ Y

予備的請求：目的物返還請求
（∵売買が無効なら。物は引渡済み）

　なお、この場合、＜主位的請求が認められないことを予備的請求の停止条件とする＞と構成することはできない、と考えられています（停止条件とは、解除条件とは反対に、効果の発生が将来の不確実な事実にかかっている場合のことです。ここでは、一定の条件が成就したら請求の申立てをしていることにする、という意味で使われていることになります）。なぜならば、もしそのように構成すると、その条件成就まで予備的請求が訴訟係属していないことになってしまい、判決で主位的請求が認められないことになったと同時に訴え提起があったとするのは論理的に不合理である、と考えられるからです。

　このように、**主位的請求を認容する場合**は、予備的請求について判断する必要がありません（1審判決限りで解除条件が成就します）から、その判決は**全部判決**となります。この判決に対して被告が上訴すれば、判決は確定せず、上訴不可分の原則（後述185頁）により予備的請求も上訴審へ移審することになります。

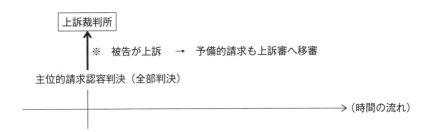

上訴裁判所

※　被告が上訴　→　予備的請求も上訴審へ移審

主位的請求認容判決（全部判決）

────────────────────→（時間の流れ）

　これに対して、**主位的請求を棄却する場合**は、もし主位的請求を棄却するのみの判決をしてしまいますと、それは一部判決（前述133頁）として独立して上訴の対象となりますから、その後は予備的請求についての残部判決と訴訟手続が別々になって、主位的請求についての判断と予備的請求についての判断とが矛盾する（両方認容されてしまうなどという）おそれが出てくることになります。そこで、それを避けるために、主位的請求を棄却する場合

は、それだけの一部判決は許されず、1つの判決で予備的請求についての判断も併せて行うべきである、と考えられています。

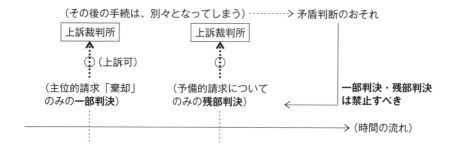

主位的請求と予備的請求とが矛盾しないように同一の訴訟手続で扱うべきであるということから、**弁論の分離**（152条1項。前述71頁）**をすることも許されない**、と考えられています。

ウ　選択的併合

選択的併合は、旧訴訟物理論（前述34頁）を前提に、例えば、賃貸借契約終了に基づく建物明渡請求と所有権に基づく同一の建物明渡請求とを併合して訴えを提起した場合の併合形態として考えられたものです。一般的に言えば、**複数の請求について互いに一方が認容されることを他方の申立ての解除条件とする**（裁判所が1つを認容すると他の請求はなされなかったことになる）と考えるものです。簡単に言えば、上の例では、＜もし賃貸借契約終了に基づく請求と所有権に基づく請求のうちどちらか一方を認めてくれるのであれば、もう1つの方はなかったことにしますから、裁判所はそれについて判断しなくていいですよ。＞と言っていることになります。予備的併合のように請求が互いに両立しない場合ではありませんので、請求の順位付けもありません。

これによって、旧訴訟物理論でも、経済的に同一の利益について複数の債務名義（強制執行をするための文書）が成立するのを防止することができることになります。

裁判所が請求の1つを認容した場合は、予備的併合で主位的請求を認容した場合と同様に、**全部判決**となります。

⑶ 代償請求の併合

以上を前提に、ここで選択肢問題を考えていただきましょう。

＜選択肢問題 20＞

　＜動産の引渡しを請求するとともに、その引渡しが強制執行不能である場合には価格相当の損害賠償請求をする＞というような訴えは、代償請求の併合と言われるが、これは、次のうちのどの併合形態になるか。
1　単純併合
2　予備的併合
3　選択的併合
4　上の3つのどれにも該当しない第4の併合形態

　正解は1です。

　代償請求の併合は、1つの訴えで、本来の物の給付を請求をするとともに、それについて強制執行が不能となったときの価格賠償をあらかじめ請求するというもので、これは、**予備的併合ではなく単純併合である**と解されています。なぜならば、確かに原告は両方の利益を得ることはできませんが、**判決で両方の請求を認容すること自体は可能**だからです。つまり、判決で両方の請求を認容しても、損害賠償請求を認容した部分は、本来の請求の方が執行不能になることを条件とする将来給付の判決となりますから、口頭弁論終結時では本来の請求の認容と両立することになるわけです。なお、価格の算定は口頭弁論終結時を基準とすることになり、また、損害賠償請求についての強制執行を開始するには、本来の請求の強制執行が不能となったことの証明が必要とされます（民事執行法31条2項）。

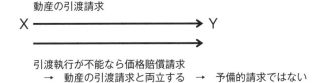

動産の引渡請求
X ──────────→ Y
　──────────→
引渡執行が不能なら価格賠償請求
　→　動産の引渡請求と両立する　→　予備的請求ではない

2 訴えの変更

(1) 意 義

民事訴訟法143条1項本文は、「原告は、請求の基礎に変更がない限り、口頭弁論の終結に至るまで、請求又は請求の原因を変更することができる。」と規定しています。このように、**訴訟係属後に原告が審判対象（訴訟物）の変更をすることを、訴えの変更**と言います。条文には変更の対象として「請求の原因」ともありますが、これは請求原因の変更によって訴訟物が変わることを意味しています。なお、当事者の変更は、ここでの訴えの変更には含まれません。

実質的に新たな訴えの提起ですから、書面でしなければならず（同条2項）、その書面は相手方に送達しなければなりません（同条3項）。

ところで、訴えの変更には、①旧請求を残して新請求を加える追加的変更と②旧請求を審理対象から外してその代わりに新請求を立てる交換的変更とがあります。

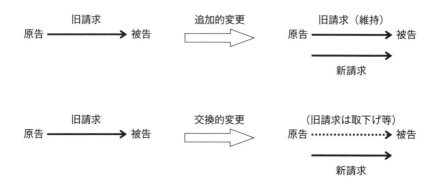

追加的変更の場合は、単純併合、予備的併合等の併合形態も指定しなければなりません。

交換的変更については1個の訴訟行為であるとする説もありますが、判例は、同条の訴えの変更をしても、旧請求は相手方の保護のため訴訟係属したままで、そのままでは追加的変更となる、とします。したがって、**訴えの交換的変更をするには、旧請求の訴えの取下げか請求の放棄が必要**となります。ただし、判例は、訴えの交換的変更に異議なく応訴した場合は、旧訴の取下げについて暗黙の同意をしたと解すべきである、とします。

いずれにしても、旧請求の資料は新請求についての資料ともなると解されています。

(2) 要　件

訴えの変更をするための要件には、次のようなものがあります。

ア　請求の基礎の同一性

まず、143条1項本文にありますように、請求の基礎に変更がないこと、つまり**請求の基礎の同一性**が必要です。その**趣旨は、防御目標が予想外に変更されて被告が困ることのないようにするため**、と言われています。

例えば、貸金返還請求をしていた訴訟手続で、訴えの変更によりこれと関係のない売買代金請求をしようとしても、請求の基礎の同一性がなく、認められません。これに対して、例えば、旧訴訟物理論（前述34頁）を前提にした場合に、賃貸借契約終了に基づく建物明渡請求の訴訟手続で、訴えの変更により所有権に基づく同一の建物の明渡請求をすることは、一般に認められます。

請求の基礎に同一性があるかどうかを判断する一般的基準としては、学説上、①新旧両請求の利益関係が社会生活上共通していること（社会生活上の利益の共通性）と②旧請求の資料が新請求の審理に利用できること（資料の利用可能性）とが指摘されています。

請求の基礎の同一性の判断基準 {
　①社会生活上の利益の共通性
　②資料の利用可能性
}

請求の基礎の同一性の要件は、被告のための要件ですから、**被告が同意する場合には、この要件を問わず訴えの変更を認めてよい**、と考えられています。また、新請求に対して被告が異議なく応訴した場合も同様です。さらに、被告の主張に基づいて原告が訴えの変更をする場合も同様である、と考えられています（判例）。

イ　著しく訴訟手続を遅滞させないこと

143条1項ただし書は、「ただし、これにより**著しく訴訟手続を遅滞させることとなるときは、この限りでない。**」と規定しています。これは、公益的な考慮の要件であって被告のための要件ではありませんので、**被告の同意が**

あっても排除できない、と考えられています。

ウ 事実審の口頭弁論終結の前であること

　訴えの変更は、請求を変えてその請求原因を主張するということで、事実について審理する必要がありますから、事実審の口頭弁論終結（前述142頁参照）の前でなければならない、と考えられています。

エ 新請求が他の裁判所の専属管轄に属しないこと

　新旧両請求の管轄が同じでないと訴えの変更はできませんから、新請求が他の裁判所の専属管轄に属しないことが必要です。専属管轄というのは、特定の裁判所にのみ管轄が認められる場合のことです。他の裁判所の専属管轄に属しないのであれば、併合請求における管轄の規定（7条）の適用によって、新請求についても土地管轄ありとされることになります。

(3) 訴えの変更の要件を欠く場合の措置

　訴えの変更の手続が執られたにもかかわらず、それが許されない場合については、143条4項が、「裁判所は、請求又は請求の原因の変更を不当であると認めるときは、申立てにより又は職権で、その変更を許さない旨の決定をしなければならない。」と規定しています。

　ただし、この決定は、新請求を終局的に却下するものではなく、旧請求についてされる終局判決によって、新請求について訴えの変更を許さないことも終局的に判断される（283条本文）、と考えられています。したがって、この決定については、独立して上訴（抗告）することができません。

3 反　訴

(1) 意　義

　反訴とは、**ある訴訟で被告となっている者が、同一の手続内で原告を相手方として提起する訴え**です。146条1項本文は、「被告は、本訴の目的である請求又は防御の方法と関連する請求を目的とする場合に限り、口頭弁論の終結に至るまで、本訴の係属する裁判所に反訴を提起することができる。」と規定しています。

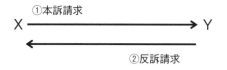

①本訴請求
X ⟶ Y
②反訴請求

　反訴にも、単純反訴と予備的反訴という種類があります。**単純反訴**というのは、**原告の請求とは独立に、被告の請求について判断を求めるもの**です。これに対して、**予備的反訴**というのは、一般に、**本訴請求の却下または棄却を解除条件とするもの**で、例えば、売買代金請求の本訴に対して、被告が、売買契約の無効を主張して争いながら、売買契約が有効であるとして代金請求が認容される場合には目的物の引渡しを請求する、という場合です。簡単に言うと、＜原告の請求が認められるのなら、こちらの請求についても審理して認めてほしい。＞というものです。この場合も、本訴請求の認容を停止条件とするという表現では、本訴請求の認容まで反訴請求が立てられていないことになってしまいますので、解除条件という表現を使うことになるわけです。

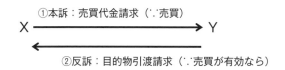

①本訴：売買代金請求（∵売買）
X ⟶ Y
②反訴：目的物引渡請求（∵売買が有効なら）

⑵　要　件
ア　関連性
　まず、146条1項本文にあるように、反訴は、本訴の請求または防御の方法と関連する請求でなければなりません。これは、訴えの変更について請求の基礎の同一性が要求されているのと同じ趣旨です。
イ　事実審の口頭弁論終結の前であること
　口頭弁論終結の前であることも、同本文に規定されています。口頭弁論終結は、事実審の口頭弁論終結（前述142頁参照）を意味します。
ウ　他の裁判所の専属管轄に属しないこと
　同項ただし書は、「ただし、次に掲げる場合は、この限りでない。」として、その1号に「反訴の目的である請求が他の裁判所の専属管轄（当事者が第

十一条の規定により合意で定めたものを除く。）に属するとき」を反訴を提起することができない場合として規定しています。

エ　著しく訴訟手続を遅滞させないこと

同項ただし書の2号は、反訴を提起することができない場合として、「反訴の提起により著しく訴訟手続を遅滞させることとなるとき」と規定しています。

オ　控訴審での反訴における相手方の同意

300条1項は、「**控訴審においては、反訴の提起は、相手方の同意がある場合に限り、することができる。**」と規定し、2項は「相手方が異議を述べないで反訴の本案について弁論をしたときは、反訴の提起に同意したものとみなす。」と規定しています。

　　　　　※　**控訴審での提起には、相手方の同意が要る**
　　　　　　　（ただし、実質的に1審で審理済みなら不要）。

相手方の同意が必要であるというのは、相手方（つまり、本訴原告で反訴被告です。）に第1審から審理を受ける利益（審級の利益）があることを考慮したものですが、訴えの変更の場合には、控訴審でも請求の基礎に変更がなければ相手方の同意は要らないのですから、その点でバランスを欠いています。そこで、一般に、同条1項の適用に当たっては、相手方の同意の要件を厳密に要求すべきではないと考えられ、反訴の訴訟物となる権利が第1審ですでに抗弁として主張されていた場合など、**実質的に反訴請求についての審理が1審で行われていた場合には、相手方の同意は不要である**、と考えられています。

4　中間確認の訴え

中間確認の訴えとは、例えば、所有権に基づく建物明渡請求訴訟中に、その訴訟手続内で所有権確認の訴えを提起するという場合が、典型例です。つまり、**請求の先決関係にある権利または法律関係の存否について、既判力を生じ**

させるための訴えである、ということになります。これについて、145条1項本文は、「裁判が訴訟の進行中に争いとなっている法律関係の成立又は不成立に係るときは、当事者は、請求を拡張して、その法律関係の確認の判決を求めることができる。」と規定し、同項ただし書は、「ただし、その確認の請求が他の裁判所の専属管轄（当事者が第十一条の規定により合意で定めたものを除く。）に属するときは、この限りでない。」と規定しています。

被告が中間確認の訴えを提起することも認められます。被告がこの訴えを提起する場合も、反訴の性質を有するものの、一般に反訴とは呼ばれず、控訴審でも原告の同意は必要とされません。

5　確認問題（正誤問題）

まとめとして、確認問題（正誤問題）を掲げておきます。

1　予備的併合は、主位的請求が認められないことを予備的請求の停止条件とする、という併合形態である。

2　予備的併合で、主位的請求を棄却するだけの一部判決は、許されない。

3　選択的併合で裁判所が請求の1つを認容する場合、全部判決となる。

4　代償請求の併合の併合形態は、本来の請求に併せてそれに代わる価格賠償を請求するものであるから、予備的併合である。

5　訴えの交換的変更をするには、旧請求の訴えの取下げか請求の放棄が必要である。

6　訴えの変更をするには、請求の基礎の同一性が必要であるが、被告が同意すればこの要件は不要である。

7　控訴審で反訴を提起するには、相手方の同意が必要であるが、その訴訟物について実質的に第1審ですでに審理されていた場合は、不要である。

1は、×です。主位的請求が認められることを解除条件とする、と表現されます。

2は、○です。一部判決をしてしまうと、上訴が別々になって矛盾した判断になるおそれがあるためです。

3も、○です。ほかの請求は、なされなかったことになります。

4は、×です。判決で両方の請求を認容することができますから、単純併合です。

5は、○です。判例の立場を前提にするとそうなります。

6も、○です。被告のための要件だからです。

7も、○です。

前述（153頁）のように、1つの訴訟手続で当事者の少なくとも一方が複数になっているか第三の当事者が登場する場合を、本書では、請求の主観的複数と呼びます。このうち、当事者（原告と被告）のうちの少なくとも一方当事者が複数となる場合を、一般に共同訴訟と言います。第三の当事者が登場する場合には、独立当事者参加（後述178頁）等の場合があります。なお、本章では、それらに準じた制度（補助参加等）も扱います。

1 共同訴訟

まず、選択肢問題を挙げておきましょう。

<選択肢問題21>

次のうち、複数の請求を同一の訴訟手続で審理する必要のないものはどれか。

1 債権者が、連帯債務者の2人に対し、連帯債務の履行を請求する訴えを提起する場合。
2 複数の株主が、会社を相手に、株主総会決議取消しの訴えを提起する場合。
3 検察官が、夫婦の双方に対し、婚姻取消しの訴えを提起する場合。
4 入会権を主張する複数の人が、これを争う人に対し、入会権確認請求の訴えを提起する場合。

ここでは、各選択肢の意味自体について、少し説明しておきましょう。

選択肢の1ですが、民法上、**連帯債務**という法律関係があります（民法436条以下）。これは、簡単に言うと、例えば、2人の債務者が100万円なら100万円という同じ内容の債務を負っているけれども、1人が弁済すれば他の債務者も債務を負わなくなる、というようなものです。債権者が2人の債務者の両方に対して勝訴判決を取得することはできるわけですが、2人から合計2倍の金額の弁済を受けることはできないことになります。

選択肢の2の**株主総会決議取消しの訴え**というのは、株主総会の招集の手

続が法令違反であった場合等に、株主等が、訴えでその決議の取消しを請求することができる、というものです（会社法831条）。

　選択肢の3の**婚姻取消しの訴え**というのは、例えば、婚姻適齢（民法731条）に違反した場合など不適法な婚姻があった場合に、一定の人から、その取消しを家庭裁判所に請求することができるというもので、検察官も原告になれることになっています（同法744条）。検察官が原告になった場合、被告はその夫婦ということになります（人事訴訟法2条1号、12条2項）。

　選択肢の4の**入会権**というのは、ある地域の住民が、一定の山林などにおいて、雑草、雑木等を採取することができるという慣習上の権利です。住民がいわばみんなで持っている権利で、判例では住民の「**総有**」に属するとされます。民法には「共有」の規定がありますが（同法249条以下）、共有の場合は、共有者各人に例えば2分の1とか3分の1のような持分権が認められ、各人の判断でその持分権を他に処分する（例えば譲渡する）ことも可能であるのに対して、総有の場合は、団体のまとまりの方が重視され、構成員各人に持分権は認められず、使用収益権のみが認められる、とされます。

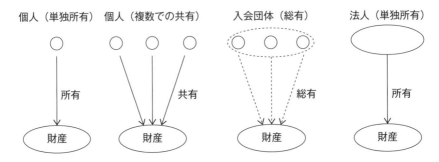

※　上図はイメージにすぎない。
※　共有、総有の概念
　共有：各人に持分権がある。その処分は自由。民法249条以下。
　総有：各人に持分権はなく、使用収益権のみがある。判例では、入会団体の財産関係がこれに当たる、とされる。

　設問は、「複数の請求を同一の訴訟手続で審理する必要のないものはどれか」というものですから、別々の訴訟手続で裁判所の判断が食い違ってもいい場合はどれかを聞いている問題、ということになります。

　正解は1です。以下、見ていきましょう。

(1) 通常共同訴訟

ア 意 義

まず、例えば、Xが、Y1に対し売買代金債権を有し、Y2に対し貸金債権を有する場合、Xが、Y1を売買代金請求の被告にして、Y2を貸金返還請求の被告にして、1つの訴えを提起することができるかというと、これは認められません。実質的な観点からいえば、Y1やY2が、互いに他人の関係ない審理に付き合わされる、という不利益を受けるからです。

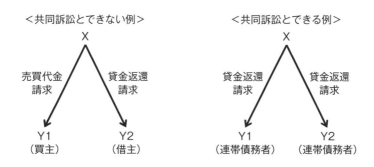

このような問題については、民事訴訟法38条が、共同訴訟を合理的範囲に限定するために、複数の権利義務の間に一定の関連性を要求していて、

① 「訴訟の目的である権利又は義務が数人について共通であるとき」
② 「訴訟の目的である権利又は義務が……同一の事実上及び法律上の原因に基づくとき」
③ 「訴訟の目的である権利又は義務が同種であって事実上及び法律上同種の原因に基づくとき」

に、「その数人は、共同訴訟人として訴え、又は訴えられることができる」と規定しています（数人は複数人という意味です）。したがって、このうちのどれかに該当すれば、共同訴訟の形を取ることができることになります。

例えば、上の**売買代金請求と貸金返還請求の場合**、条文上の観点から言えば、このうちのどれにも該当しないため、**共同訴訟とすることができない**ことになります。この場合には、別々の訴えを提起するしかありません。

これに対して、選択肢問題21の選択肢1のように、例えば、債権者Xが、

貸金債務の連帯債務を負うＹ１とＹ２に対し、貸金返還請求の訴えを提起する場合は、**連帯債務**で**権利義務が共通**で、38条が規定する３つの類型のうちの上の①に該当しますから、２人を共同被告とする１つの訴えを提起して、共同訴訟の形を取ることができることになります。このような場合の共同訴訟を、**通常共同訴訟**と言います。ただ、この場合、**別々の訴えを提起することも禁止されるわけではありません**。連帯債務の場合でも、Ｙ１やＹ２の争い方の巧拙もありますから、別々の訴訟で結論が違っても構わない、と考えられています。そこで、選択肢問題21の正解は１になるわけです。

　　イ　併合請求における管轄

　管轄のところでお話ししたように（15頁）、共同訴訟の場合、１人の関係で土地管轄がある裁判所には他の人の分も当然に管轄があるとして訴えを提起することができる、とされています（7条）。しかし、上の３つの場合についてみると、複数の権利義務の間の関連性は、①から③になるに従って薄くなっていますから、③のように薄い関連性しかない場合にまで、本来管轄のない人の分にも当然に管轄があるとすることは、行き過ぎであると考えられます。そこで、38条前段に規定されている①と②の類型の場合は、１人に関する請求について管轄があれば、他の当事者に関する請求も同じ裁判所に提起することができますが（7条本文）、38条後段に規定されている③の類型の場合は、7条本文の適用が除外されています（同条ただし書）。

　　ウ　共同訴訟人独立の原則

　通常共同訴訟のルールについては、39条が定めています。同条は、「**共同訴訟人の一人の訴訟行為、共同訴訟人の一人に対する相手方の訴訟行為及び共同訴訟人の一人について生じた事項は、他の共同訴訟人に影響を及ぼさない。**」と規定しています。これを**共同訴訟人独立の原則**と言います。

　したがって、訴えの取下げ、請求の放棄・認諾、訴訟上の和解、事実上の主張、裁判上の自白等は、共同訴訟人の各人が独立してすることができ、他の共同訴訟人に影響しません。

　ただし、証拠の提出についてはこの原則が妥当せず、共同訴訟人間でも**証拠共通の原則が認められる**、と考えられています（通説、判例）。つまり、例えば、Ｘが、Ｙ１とＹ２とを被告として訴えた場合に、ＸがＹ１との関係で提出した証拠やＹ１がＸとの関係で提出した証拠は、裁判所が、ＸＹ２間の請求についての判断に使用してよい、ということです。その限りで、共同訴訟人独立の原則は修正されていることになります。

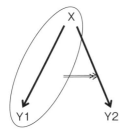

※ X Y1 間で提出された証拠は、X Y2
間の請求についても使用してよい。

エ　同時審判申出の制度

41条1項は、**同時審判申出の制度**として、「**共同被告の一方に対する訴訟の目的である権利と共同被告の他方に対する訴訟の目的である権利とが法律上併存し得ない関係にある場合において、原告の申出があったときは、弁論及び裁判は、分離しないでしなければならない。**」と規定しています。

例えば、Xが、Y1の代理人であると名乗るY2と消費貸借契約を締結したとして、本人Y1に対して貸金返還請求をしつつ、Y2が無権代理人であると判断される場合に備えて、無権代理人の責任（民法117条）の追及として、Y2に対して同旨の請求をするという場合、Xが主張する2つの権利は、法律上併存しえない関係（両方とも認められるというわけにはいかない、という関係）にあります。Xとしては、Y2が無権代理人であったとしてY1に敗訴し、かつY2に代理権があったとしてY2に敗訴するようなことは避けたいわけですけれども、通常共同訴訟ではその保証はないことになります。

そこで、こうした場合に、Xが、同時審判の申出をすることによって、Xが実体法に矛盾する形で両方の被告に敗訴するという危険を、基本的に避けることができるようになるわけです。

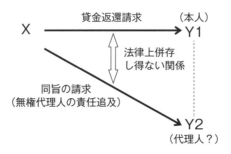

通常共同訴訟ですので1審の判決に対して控訴は別々にされますが、同時審判の申出があった場合には、「各共同被告に係る控訴事件が同一の控訴裁判所に各別に係属するときは、弁論及び裁判は、併合してしなければならない」とされています（民事訴訟法41条3項）。

　なお、2つの請求に順位を付けて、上の例でXのY1に対する請求を主位的請求、XのY2に対する請求を予備的請求とする**主観的予備的併合**というものも、学説上検討されていますが、**判例はこの併合形態は不適法であるとしています。**

(2)　必要的共同訴訟
ア　意　義
　共同訴訟の形を取ることが必要であるとされる場合は、**必要的共同訴訟**と呼ばれます。条文では、「**訴訟の目的が共同訴訟人の全員について合一にのみ確定すべき場合**」（40条1項）と表現されています。「合一にのみ確定すべき場合」というのは、矛盾のない結論となるべき場合ということで、共同訴訟人の間で矛盾した結論となってはいけない場合であれば、当然に共同訴訟の形を取ることが必要になってくる、という話です。

　選択肢問題21（165頁）の選択肢2のように、例えば、複数の株主X1、X2が、その株式会社Yを被告として、**株主総会決議取消しの訴え**を提起する場合や、選択肢の3のように、検察官Xが、ある夫婦Y1、Y2を被告として、**婚姻取消しの訴え**を提起する場合が、これに当たるとされています。株主総会決議が取消しとなるかどうかがX1にとってとX2にとってとで違う結論となったり、婚姻取消しとなるかどうかがY1にとってとY2にとってとで違う結論になったりするのは、あまりにも法律関係が錯綜し不安定なも

のとなってしまいますから、共同訴訟人の全員について、判決で合一確定が要請される、と考えられるわけです。

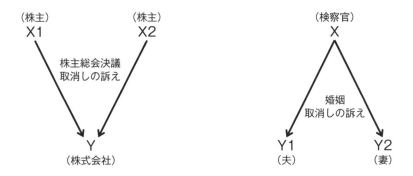

　全員について矛盾のない結論を導くためには、手続上、①**訴訟資料を揃える必要がある**とともに、②**訴訟手続の進行も揃える必要**があります。そのために、40条は、(i)共同訴訟人の「**一人の訴訟行為は、全員の利益においてのみその効力を生ずる**」こと（1項）、(ii)「**共同訴訟人の一人に対する相手方の訴訟行為は、全員に対してその効力を生ずる**」こと（2項）などを定めています。上の(i)から、請求の放棄・認諾、訴訟上の和解、自白のような不利となる訴訟行為は、1人で行っても効力を生じないことになります。

　イ　類似必要的共同訴訟
　上の株主総会決議取消しの訴えの例の場合、実は、X1が**1人で株主総会決議取消しの訴えを提起すること自体はできる**ことになっています。つまり、1人でも原告適格はあるわけです（当事者適格については54頁）。ただ、複数の株主が、同一の株主総会決議について別々に訴訟手続を進めることは許されず、共同訴訟の形を採らなければならないとされているのです（もし別々の訴訟が係属した場合は弁論が併合されます。会社法837条）。そこで、次項のように、関係者が全員当事者となって共同訴訟の形を採らなければならない場合を固有必要的共同訴訟と呼ぶのに対して、1人でも当事者適格がある場合を**類似必要的共同訴訟**と呼んでいます。
　類似必要的共同訴訟については、従来、一般に、**判決の効力が他の者に及ぶこと**がその根拠となる、と説明されています。例えば、株主総会決議取消しの訴えの場合、その認容判決の確定によって判決の効力が他の株主にも及びますので（対世効。同法838条）、株主ごとに結論の異なる判決がされると

判決の効力の衝突が起きる可能性があるため、共同訴訟にしなければならない、とされるのです。

ところで、民事訴訟法 52 条 1 項は、「**訴訟の目的が当事者の一方及び第三者について合一にのみ確定すべき場合には、その第三者は、共同訴訟人としてその訴訟に参加することができる。**」と規定しています。これは**共同訴訟参加**と呼ばれます。合一確定が要求される場合ですから、必要的共同訴訟となる場合に第三者が参加して原告または被告となるという状況のことです。したがって、**通常は、類似必要的共同訴訟となる場合**ということになります。ただし、固有必要的共同訴訟の場合で、当事者適格なしとして訴え却下とされる前にこの参加によって適法な訴訟にする、ということも認められます（判例）。

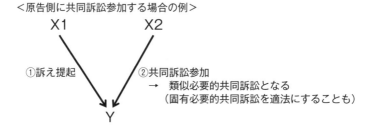

＜原告側に共同訴訟参加する場合の例＞

X1　　　　　　X2

①訴え提起　　　②共同訴訟参加
　　　　　　　　→　類似必要的共同訴訟となる
　　　　　　　　　　（固有必要的共同訴訟を適法にすることも）

Y

ウ　固有必要的共同訴訟

これに対して、上の**婚姻取消しの訴えの例の場合には**、必ず Y1 と Y2 を共同被告にした**共同訴訟による必要があり、一方のみを被告にした訴えは許されません**（1 人では被告適格がありません）。このような場合を**固有必要的共同訴訟**と言います。

不動産の共有や総有の場合にどのような訴えが固有必要的共同訴訟となるのかについては、難しい議論がなされていますが、選択肢問題 21（165 頁）の選択肢 4 のような場合は、固有必要的共同訴訟となるとするのが判例です。

エ　まとめ

このように、訴訟を共同訴訟という観点からみますと、(i)**そもそも共同訴訟という形は取れず個別に訴訟をしなければならない場合**（38 条の要件を欠く場合）と、(ii)**共同訴訟**（通常共同訴訟）**にしてもいいし個別に訴訟をしてもいい場合**（38 条の要件を満たす場合）と、(iii)**共同訴訟にする必要がある場合**（必要的共同訴訟。40 条 1 項の「合一にのみ確定すべき場合」）とがあり、(iii)には、さら

に、(a)関係者の1人でも当事者適格がある類似必要的共同訴訟と、(b)関係者の全員が共同訴訟人となって初めて当事者適格がある固有必要的共同訴訟とがある、ということになります。

(i)共同訴訟とはできない場合（38条の要件を欠く場合）				（特別に当事者適格が問題となることはない）
(ii)共同訴訟が可能な場合	通常共同訴訟（38条）		合一確定不要	
(iii)共同訴訟とする必要がある場合	必要的共同訴訟（40条）	(a)類似	合一確定必要	1人でも当事者適格あり
		(b)固有		全員で当事者適格あり

　なお、38条は、形式的には共同訴訟全体の要件を定めていますが、40条が必要的共同訴訟の特則を規定していますので、結局、38条に該当するのみの場合が通常共同訴訟である、ということになります。

2　補助参加

　42条は、「**訴訟の結果について利害関係を有する第三者は、当事者の一方を補助するため、その訴訟に参加することができる。**」と規定しています。このような参加が**補助参加**です。補助参加する人は、補助参加人あるいは単に参加人と呼ばれ、補助される当事者（原告または被告）は、被参加人あるいは主たる当事者と呼ばれます。

　補助参加についても、まず、選択肢問題を挙げておきましょう。

> **＜選択肢問題22＞**
> 　債権者Xが、Yが主債務者Zのために保証人になったとして、Yに対して、保証人なのだからZの代わりに支払ってくれ（保証債務の履行を

求める）という訴えを提起した。この場合、ZのY側への補助参加に関する次の記述のうち、最も適当でないものはどれか。

1　ZはYの側に補助参加することができるが、その理由は、XのYに対する請求が認められると、YはZに対して求償権の行使ができるからである。

2　ZがYの側に補助参加し、Xに対してある主張をしようとしたが、その主張は、もしYがしたとしても訴訟手続上遅すぎることを理由に却下されるようなものであった。その場合でも、Zは、Y自身ではないから、その主張をすることができる。

3　ZがYの側に補助参加したが、YがXに敗訴した。その後、YがZに対して求償権を行使した場合、ZはYに対して主債務の不存在を主張できなくなる。

4　ZがYの側に補助参加したところ、XがYに敗訴した。その後、XがZに対して主債務の履行を請求した場合、ZはXに対して主債務の不存在を主張することができる。

正解は2です。以下、見ていきましょう。

(1) 補助参加の利益

　この選択肢問題にあるような保証債務履行請求の訴えの場合、主債務者とされるZは、すでにXに対する主債務は弁済したと思っていても、もしYがXに敗訴した場合には、Zのために保証人となってくれたYから、肩代わり分の支払を請求されることになります（求償請求と言います。民法459条、462条）。その意味で、Zは、XY間の訴訟の結果について利害関係を有することになります。そこで、Zは、Yを補助するためXY間の訴訟に参加することができることになるわけです。ですから、選択肢の1は、正しいことになります。

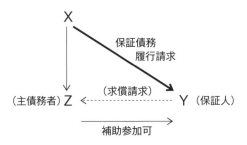

　このように、補助するといっても、単に被参加人のために参加するのではなく、被参加人の勝訴を通して補助参加人自身の利益のために参加するということであって、それだけの利害関係が必要であるということです。

　民事訴訟法 42 条にいう**「訴訟の結果について利害関係を有する」**ということを、**（補助）参加の利益**または**（補助）参加の理由**と言いますが、上のように、主債務者が保証人に対して求償債務を負うことになるという例は、法律上の債務を負う可能性がある場合で、訴訟の結果について利害関係が認められる場合の典型例です。

　同条の**利害関係は法律上のものである必要があります**から、例えば、友達が訴訟の当事者となっていて大変だから助けてやろうというような、感情的な利益があるにすぎない場合は、補助参加が認められません。

(2)　補助参加人の地位

　補助参加人は、一方では、その訴訟で訴訟行為をすることはできるものの、他方では、当事者ではないため、従属的な性格を持つことは否定できません。

　まず、45 条 1 項は、本文で、**「補助参加人は……一切の訴訟行為をすることができる」**としながらも、ただし書で**「補助参加の時における訴訟の程度に従いすることができないものは、この限りでない」**と規定しています。

　例えば、被参加人が自白（前述 100 頁）した場合には、参加人はそれと矛盾する主張はできませんし、被参加人がある主張をしても時機に後れた攻撃防御方法（157 条 1 項。前述 69 頁）として却下されるような場合は、参加人がその主張をすることもできません。上訴も、被参加人の上訴期間内に限って可能です（判例）。

そうすると、選択肢問題 22 の選択肢 2 は誤りで、これが正解ということになります。

　また、45 条 2 項は、「**補助参加人の訴訟行為は、被参加人の訴訟行為と抵触するときは、その効力を有しない。**」と規定しています。つまり、被参加人の行為の方が優先することになるわけです。

　そのほか、補助参加人は、**訴訟を処分する行為**や、**被参加人に不利な行為**などもすることができません。例えば、請求の放棄・認諾、自白は、認められないことになります。

(3) 参加的効力

　46 条は、「**補助参加に係る訴訟の裁判**は、次に掲げる場合を除き、**補助参加人に対してもその効力を有する。**」と規定し、除外事由として、(i)参加時の訴訟の程度に従って訴訟行為をすることができなかったとき（45 条 1 項ただし書の場合）、(ii)被参加人の訴訟行為と抵触するため（同条 2 項の場合）訴訟行為が効力を有しなかったとき、などを挙げています。

　参加的効力は、＜被参加人が相手方当事者に敗訴した場合に、被参加人と補助参加人との間に生じ、判決理由中の判断にも生じる＞とされ、既判力ではなく参加的効力という 46 条独特のものです（通説、判例）。つまり、補助参加人が一方当事者を補助するために補助参加したものの、その被参加人が相手方当事者に敗訴したという場合には、補助参加人も一緒に相手方当事者と争って敗訴という結果が生じた以上、補助参加人は、被参加人を補助できた限りは、その結果については理由を含めて被参加人との関係で拘束されるのが公平だろう、ということです。

　選択肢問題 22 の例で言えば、X が、Y に対して、保証債務の履行を請求する訴えを提起し（下図の①）、主債務者 Z が Y に補助参加したところ（②）、保証人である Y が X に敗訴しその判決が確定した（③）という場合、Z は、Y の Z に対する求償請求（④）に対して、主債務の不存在を Y に主張できなくなる、というわけです。保証債務履行請求の訴訟物は保証債務で、主債務は保証債務の先決関係（前提）になりますから、主債務についての判断は判決理由中の判断になるわけですが、既判力と違って、そのような判断についても拘束力が生じることになります。したがって、選択肢の 3 は、正しいことになります。上の(i)(ii)などの例外は、それに当たる事情は記載されていませんから、考えなくていいことになるでしょう。

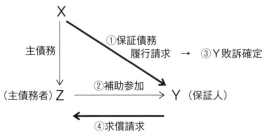

※　Zは、④に対して、主債務
の不存在を主張できない。

　また、選択肢の4ですが、これは、被参加人Yが敗訴した場合ではなく、勝訴した場合のことですし、また、前訴終了後に、補助参加人Zと被参加人Yとの間の関係が問題となっているのではなく、Zと債権者Xとの間の関係が問題となっているわけですから、参加的効力は生じません。したがって、XがYに敗訴した理由が、たとえZの主債務は認められるけれどもYは保証人になっていないというものだったとしても、普通の考え方では、Zは、Xに対して、主債務の不存在を主張することができることになります。そうすると、選択肢の4は正しいことになります。

(4)　共同訴訟的補助参加

　共同訴訟的補助参加とは、補助参加のうち、例えば、債権者代位訴訟（前述54頁）における債務者による補助参加の場合のように、**補助参加人がその訴訟の判決の既判力の拡張を受ける場合には、参加人の地位を強くすべきである**として、考えられた概念です。これを規定した条文は民事訴訟法にはありませんが、判例が認めています。

　共同訴訟的補助参加となる場合、**参加人が上訴したときには、被参加人はそれを取り下げることができない**（判例）など、当事者に有利な行為であれば、被参加人と抵触する行為もできるものと解されています。また、上訴期間も、独立に計算されるとされます。しかし、それ以外にどこまで独立的な地位を認めるのかは、はっきりした議論にはなっていません。

(5)　訴訟告知

　53条1項は、「当事者は、訴訟の係属中、参加することができる第三者にそ

の訴訟の告知をすることができる。」と規定しています。これを**訴訟告知**と言います。「参加」は、主に補助参加を指しますが、独立当事者参加（47条。次項として後述）や共同訴訟参加（52条。前述172頁）でもよいとされます。

　手続としては、訴訟告知の理由と訴訟の程度を記載した書面を裁判所に提出する必要があり（同条3項）、その書面は訴訟告知を受けるべき者に送達されます（規則22条1項）。

　訴訟告知をする意味は、**訴訟への参加を促す**とともに、**告知者が訴訟で敗訴した場合に第三者に参加的効力**（民事訴訟法46条。前述176頁）**を生じさせる**ことにあります。参加的効力については、53条4項が、「訴訟告知を受けた者が参加しなかった場合においても、第四十六条の規定の適用については、参加することができた時に参加したものとみなす。」と規定しています。

　例えば、債権者Xが保証人Yに対して保証債務の履行を請求した場合、Yは主債務者Zに対して訴訟告知をすることができます。その場合、ZはYに補助参加できますが、補助参加しないときでも、YがXに敗訴したときには、Zは、補助参加した場合と同じ参加的効力を受けることになります。その意味では、訴訟告知は、YのイニシアチブでZに敗訴の負担を負わせることができる手段であると言えます。

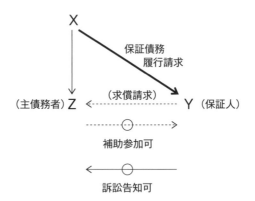

3　独立当事者参加

(1)　意　義

　47条1項は、「訴訟の結果によって権利が害されることを主張する第三者又は訴訟の目的の全部若しくは一部が自己の権利であることを主張する第

三者は、その訴訟の当事者の双方又は一方を相手方として、当事者としてその訴訟に参加することができる。」と規定しています。このように、係属している訴訟に第三の当事者として参加することを、**独立当事者参加**と言います。補助参加の場合と違い、当事者として参加するということになります。

判決には、**三者に矛盾のない判断が要求され、必要的共同訴訟の規定（40条1項から3項）が準用**されます（47条4項）。

(2) 権利主張参加

独立当事者参加には、要件により2つの類型があります（47条1項）。1つは、「訴訟の結果によって権利が害されることを主張する第三者」による参加の場合で、詐害防止参加と呼ばれます。もう1つは、「**訴訟の目的の全部若しくは一部が自己の権利であることを主張する第三者」による参加**の場合で、**権利主張参加**と呼ばれます。権利主張参加の方が格段に重要で、本書はこちらだけを扱うことにします。

権利主張参加は、参加人の請求が本訴の請求と論理的に両立しない関係にある場合の参加である、ということになります。

例えば、Xが、Yに対して、所有権に基づいてある物の引渡請求をしている場合、Xと関係のない第三者Zは、自己の所有権を主張して、Xに対して所有権確認を求め、Yに対してその物の引渡請求をする、という権利主張参加をすることができます。これが権利主張参加の典型例の1つです。

この場合に、Zは、XY間のみで行われた訴訟の判決の効力は受けませんが、そのようなZも、XY間の訴訟に参加して統一的な判断を求めることができることになっているわけです。

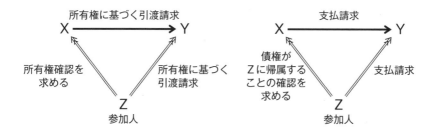

もう1つの典型例として、債権の帰属をめぐる例が挙げられます。つまり、XがYに対して債権を主張して金銭の支払請求をした場合に、第三者Z

は、自分こそがその債権の債権者であると主張して、Xに対しては債権が自己に帰属することの確認を求め、Yに対しては支払請求をする、という権利主張参加をすることができます。

(3) 独立当事者参加の手続

独立当事者参加をする場合に、一方の当事者のみに対して請求を立てるという片面的な独立当事者参加をすることは可能です。47条1項には、「その訴訟の当事者の双方又は一方を相手方として」と規定されているからです。したがって、当事者の一方が参加人の請求を争っていない場合には、その者に対しては請求を立てる必要がないことになります。

独立当事者参加は実質的に新たな訴えの提起ですから、参加の申出は書面でしなければなりませんし（同条2項）、独立当事者参加の要件は、訴訟要件と同様に考えて調査しなければなりません。参加申出の書面は、当事者双方に送達する必要があります（同条3項）。

(4) 訴訟脱退

48条は、「前条第一項の規定により自己の権利を主張するため訴訟に参加した者がある場合」、つまり**権利主張参加の独立当事者参加があった場合**には、「**参加前の原告又は被告は、相手方の承諾を得て訴訟から脱退することができる。この場合において、判決は、脱退した当事者に対してもその効力を有する。**」と規定しています。これが、**訴訟脱退**といわれる制度です。

ここでは、訴訟脱退について、権利主張参加として挙げた2つの例（179頁）で考えることにします。

繰り返しになりますが、まず、XがYに対して所有権に基づいてある物の引渡請求をしたのに対して、Xと関係のないZが、自己の所有権を主張して、Xに対しては所有権確認を求め、Yに対してはその物の引渡請求をして、権利主張参加をしたとします。

この場合、Yが、その物の所有者がXかZかに確定すればその者に引き渡すとして、訴訟から脱退することが考えられます。また、Xが、Zの所有を認めて訴訟から脱退することも考えられます。

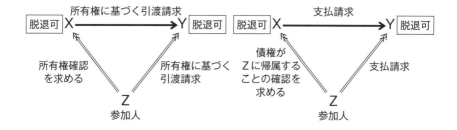

　また、XがYに対して債権を主張して金銭の支払請求をしたところ、Zが、自分こそがその債権の債権者であると主張して、Xに対してその債権が自己に帰属することの確認を求め、Yに対しては支払請求をして、権利主張参加をしたとします。

　この場合も、Yが、債務のあることを認めて、債権者がXかZかが確定すればその者に支払うとして、脱退することが考えられます。また、Xが、債権者はZであることを認めて脱退することもありえます。

4　訴訟承継

　訴訟承継には、①相続や合併のような包括承継があった場合の当然承継と、②目的物の売買等の特定承継があった場合の係争物譲渡の場合の承継、とがあります。

(1)　当然承継

　訴訟係属中の当事者について相続や合併があった場合には、当然に訴訟手続の承継がされていることになります。これを**当然承継**と言います。この場合、承継人が訴訟追行するための準備が必要ですから、承継人を保護するために、訴訟手続は中断するものとされています（124条1項1号・2号）。ただし、訴訟代理人が付いている場合には、中断しません（同条2項）。

　中断された訴訟手続は、受継（同条1項後段、126条）か裁判所の続行命令（129条）によって再び進行することになります。

(2)　係争物譲渡の場合の承継

　係争物譲渡の場合の承継というのは、例えば、①原告Aが被告に対してある債権に基づいて支払請求していたところ、訴訟係属中に、Aがその債権を

Bに譲渡したという場合（訴訟物である権利自体の譲渡の場合）や、②ある原告がAに対してある物の引渡請求をしていたところ、訴訟係属中に、Aがその物をBに譲渡したという場合（請求の目的物の譲渡の場合）に、それぞれBが訴訟手続を承継するというものです。

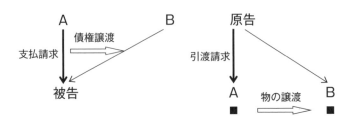

ア　訴訟承継主義

このような場合、日本法では、Aが引き続きBのために当事者として訴訟追行を続けるということにはなりませんが、かといって当然承継のように当然にBが当事者となるわけでもありません。実体関係の変動を手続に反映させ、当事者適格を有する者がAからBに変わり、当事者を変更する手続を執る必要がある、と考えられているのです。このような制度の仕組みを**訴訟承継主義**と言っています。ただ、そのような当事者を変更する手続が執られないと、訴訟行為の効力をBに及ぼすことができず、そのまま判決が確定してしまうと、口頭弁論終結「後」の承継人（115条1項3号）ではないBには判決の効力を及ぼせなくなる、という大きな難点があることになります。

そこで、とくに被告適格が次々に変わると原告にとって煩わしい事態となりますので、実務上は、引渡請求や登記手続請求の訴えを提起する前に、民事保全法上の仮処分を用いて被告適格を固定することが行われています。

イ　手　続

(ア)　権利承継人の訴訟参加

民事訴訟法49条1項は、「**訴訟の係属中その訴訟の目的である権利の全部又は一部を譲り受けたことを主張する者が第四十七条第一項の規定により訴訟参加をしたときは、……。**」と規定しています。この規定は、権利の承継があったときに、権利を承継した人のイニシアチブで訴訟参加する場合に、47条1項の独立当事者参加の制度を使うことを示していることになります。そうすると、従来の当事者は訴訟脱退（48条。前述180頁）の制度で訴訟から抜けることができることになります。このような承継は、**参加承継**と呼ばれてい

ます（下の左図）。

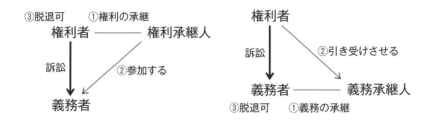

　　(イ)　義務承継人の訴訟引受け

　(ア)に対して、50条1項は、「**訴訟の係属中第三者がその訴訟の目的である義務の全部又は一部を承継したときは、裁判所は、当事者の申立てにより、決定で、その第三者に訴訟を引き受けさせることができる。**」とし、義務の承継があったときに、当事者のイニシアチブで義務承継人に訴訟を引き受けさせる場合を規定しています（上の右図）。このような承継は、**引受承継**と呼ばれ、参加承継の場合と異なり裁判所は決定をする必要があります。この場合も、従来の当事者は、訴訟脱退で訴訟から抜けることができます（同条3項、48条）。

　　(ウ)　義務承継人の訴訟参加と権利承継人の訴訟引受け

　さらに、51条は、**義務承継人の訴訟参加**と**権利承継人の訴訟引受け**を規定しています。前者は、義務者といえども有利な訴訟状態であることはありうるとして、義務承継人による参加承継を認めたものです（下の左図）。後者は、反対に、権利者に不利な訴訟状態であることもありうるとして、当事者が権利承継人に引き受けさせること（引受承継）を認めたものです（下の右図）。

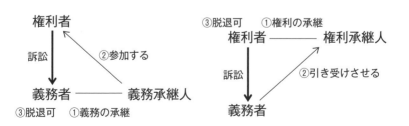

5　確認問題（正誤問題）

　まとめとして、確認問題（正誤問題）を掲げておきます。

1　Ｘが、1つの訴えで、Ｙ1に対して売買代金請求をするとともに、Ｙ2に対して貸金返還請求をすることは、許される。
2　通常共同訴訟では、一般に、主張共通の原則が認められる。
3　必要的共同訴訟では、1人の訴訟行為は、全員の利益になるものだけが有効となる。
4　株主総会決議取消しの訴えは、類似必要的共同訴訟である。
5　共同訴訟参加が認められるのは、通常は類似必要的共同訴訟の場合であるが、固有必要的共同訴訟の場合のこともある。
6　参加的効力は、被参加人が相手方当事者に勝訴したときに生じる。
7　独立当事者参加のうちの権利主張参加は、判決の既判力が及んでしまう第三者が、不利な判決をされないように、自己の権利を主張して当事者として訴訟に参加することをいう。
8　訴訟係属中に義務を承継した人が新たな当事者になるには、訴訟引受けによる必要がある。

　1は、×です。38条の3つの類型のどれにも当たりません。
　2も、×です。通説、判例が認めるのは、証拠共通の原則です。
　3は、○です。40条1項。
　4も、○です。
　5も、○です。共同訴訟参加は52条です。固有必要的共同訴訟を適法なものにするための共同訴訟参加も許される、と考えられています。
　6は、×です。被参加人が敗訴したときに生じる効力です。
　7も、×です。既判力が及ぶ必要はありません。
　8も、×です。義務承継人にも、訴訟参加が認められています。51条。

第**16**章 上訴・再審

1 上 訴
(1) 総 説
ア 上訴の意義

上訴は、未確定の裁判の取消しないし変更のために、上級の裁判所に対し事件についてのさらなる審判を求める不服申立てを言います。

裁判の形式が**判決である場合**、それに対する上訴は、**控訴、上告**です。第1審が地方裁判所である場合には、控訴審は高等裁判所、上告審は最高裁判所となり、第1審が簡易裁判所である場合には、控訴審は地方裁判所、上告審は高等裁判所となります。裁判の形式が**決定、命令である場合**、それらに対する上訴は、**抗告**で、最初の抗告と再抗告とがあります。

イ 上訴提起の効果

上訴を提起した場合、①**確定遮断の効力**（116条2項、122条）と、②**移審の効力**が生じます。つまり、上訴は、裁判が確定することを妨げるとともに、事件を上訴審に移し上訴審の審判を開始させることになります。これらの効力は、上訴の対象となった判決の全体に生じると考えられています。これを**上訴不可分の原則**と言います。

(2) 控 訴
ア 控訴の提起

控訴の提起は、控訴状を第1審裁判所に提出して行います（286条1項）。提出先は控訴裁判所ではなく第1審裁判所ですから、注意が必要です。これは、第1審裁判所に控訴の形式的適否を判断させ、無意味な控訴を控訴審に係属させないためです。

控訴の提起は、1審判決送達の日から2週間の不変期間内にする必要があります（285条）。

控訴を含む上訴についても、訴えについての訴えの利益に相当するものが必要であるとされています。これが**不服の利益**または**上訴の利益**と呼ばれるもので、上訴要件の1つです。便宜上、ここで扱っておきます。

例えば、1000万円を請求し、700万円を認める判決が言い渡された場合には、原告にとって差額の300万円分の不服の利益がありますから、原告は控訴ができることになります。反対に、この例の場合、請求棄却を求めていた被告にとっては、700万円分の不服の利益がありますから、被告もやはり控訴ができることになります。なお、判決理由中の判断に不服があっても訴訟物について全部勝訴しているときは、不服の利益がないことになります（判例）。

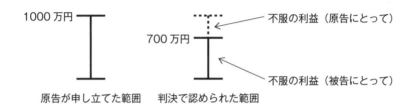

　注意する必要があるのは、相殺の抗弁が認められて請求棄却となった場合です。この場合、原告は請求棄却ですから控訴することができますが、被告も、相殺以外の事由（訴求債権の不成立等）による請求棄却を求めて控訴することができます。被告としては、請求棄却を求めて請求棄却判決となったのですから、形式的に見ると不服がないことになりますが、1審判決は原告の権利があることを前提に相殺で被告の自働債権を失わせるもので、実質的に被告の敗訴に等しいわけです。したがって、被告は、原告の権利はもともと認められないとして自働債権を失わずに勝訴したい、という利益を有することになるわけです。

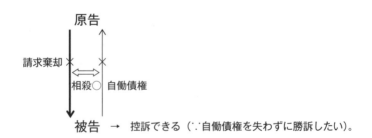

イ 控訴の取下げ

292条1項は、「**控訴は、控訴審の終局判決があるまで、取り下げることができる。**」と規定しています。控訴の取下げの場合、訴えの取下げの場合とは違い、相手に有利な1審判決が残りますから**相手方の同意は不要**です（292条2項で261条2項〔訴えの取下げについての同意の規定〕の準用がありません）。

ウ 控訴審の審理手続

控訴審においては、現行法上、1審の資料と控訴審で新たに提出された資料を合わせて判断資料としつつ、1審判決の当否を審査するという形がとられます。このような制度は**続審制**と呼ばれます。

エ 控訴審の判決

控訴自体が不適法であれば、当然ながら控訴却下の判決がなされます。

控訴が適法である場合、控訴裁判所は、1審判決が正当であれば控訴棄却としますが（302条1項）、1審判決が正当でなかったり1審判決の手続が違法であったりしたときは、1審判決を取り消し（305条、306条）自ら判断します（自判と言います）。1審判決を取り消す場合、場合によっては、事件を第1審裁判所に差し戻したり（307条、308条）、移送をしたり（309条）することもあります。

304条は、「**第一審判決の取消し及び変更は、不服申立ての限度においてのみ、これをすることができる。**」と規定しています。不服申立ての限度を超えて、①不利益な判決をすることはできませんし（**不利益変更禁止の原則**）、②利益な判決をすることもできません（**利益変更禁止の原則**）。

例えば、原告が建物明渡請求と1000万円の支払請求の訴えを提起したところ、支払請求について700万円のみ認容し、建物明渡請求と300万円の支払請求とを棄却する1審判決がされ、原告が300万円の部分のみを不服として控訴したという場合、控訴審判決で、①500万円の支払請求のみを認容することは、不利益変更禁止の原則に反するので許されませんし、②建物明渡請求を認容することは、利益変更禁止の原則に反するので許されません。

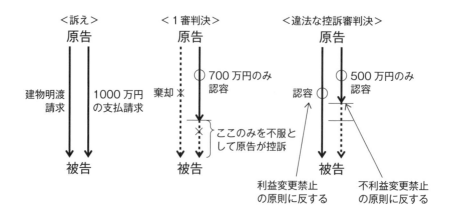

オ　附帯控訴

　293条1項は、「被控訴人は、控訴権が消滅した後であっても、口頭弁論の終結に至るまで、附帯控訴をすることができる。」と規定しています。

　控訴人は、控訴後不服申立ての範囲を自由に拡張できます。そうだとすれば、控訴がされた場合には、公平上、被控訴人にも審判範囲の拡張を認めるべきであると考えられます。そこで、**附帯控訴**により、それまでの**不利益変更禁止の枠を破ることができる**こととしたのです。

　例えば、原告が1000万円の支払を請求する訴えを提起した場合、700万円を認める一部認容判決に対して原告のみが控訴すると、その差の300万円の部分が控訴審での審判の対象となり、700万円の部分に割り込んで例えば500万円の認容判決にすることは、上に見たように不利益変更禁止の原則に反することになります。しかし、この場合に、被告が附帯控訴をしておくと、1審判決が認めた700万円の部分も控訴審での審判の対象となり、500万円の認容判決をしても、違法ではないことになります。

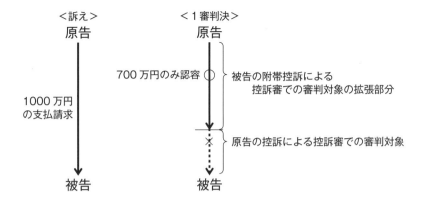

(3) 上 告

ア 上告の提起

314条1項は、「上告の提起は、上告状を原裁判所に提出してしなければならない。」と規定しています。控訴の規定は上告に準用されますから（313条）、上告の提起は原判決送達の日から2週間の不変期間内にする必要があります（285条）。

315条1項は、「上告状に上告の理由の記載がないときは、上告人は、最高裁判所規則で定める期間内に、上告理由書を原裁判所に提出しなければならない。」とし、民事訴訟規則194条は、その期間について、上告提起通知書の送達（規則189条1項）を受けた日から50日としています。

上告は、控訴の場合と異なり、**特別の上告理由がある場合に限って上告できる**ものとされています。1つは、**憲法違反**を理由とする場合で（民事訴訟法312条1項）、もう1つは、**絶対的上告理由**と言われる次のような場合です（同条2項各号。次の①から⑥はその号数を示します。2号の2は省略）。

① 法律に従って判決裁判所を構成しなかったこと
② 法律により判決に関与することができない裁判官が判決に関与したこと
③ 専属管轄に関する規定に違反したこと
④ 法定代理権、訴訟代理権または代理人が訴訟行為をするのに必要な授権を欠いたこと
⑤ 口頭弁論の公開の規定に違反したこと
⑥ 判決に理由を付せず、または理由に食違いがあること

ただし、312条3項は、「**高等裁判所にする上告は、判決に影響を及ぼすことが明らかな法令の違反があることを理由とするときも、することができる。**」と規定しています。これは、1審が簡易裁判所、控訴審が地方裁判所の場合ということになります。同項の反対解釈から、法令違反は判決に影響を及ぼすことが明らかなものであっても、最高裁にする上告の理由とはならないわけです。

上告審の裁判所	憲法違反	絶対的上告理由	判決に影響を及ぼすことが明らかな法令違反
最高裁判所の場合	○（1項）	○（2項）	×（3項の反対解釈）
高等裁判所の場合			○（3項）

※　○は上告理由となること、×はならないことを表す。

　上に述べたように、現行法では、最高裁の負担軽減のため、最高裁への上告については、判決に影響を及ぼすことが明らかな法令違反を上告理由から削除しましたが、それに代えて、最高裁の裁量で上告を受理することができる、という制度を創設しました（318条）。それが**上告受理申立て**の制度で、**裁量上告**の制度とも呼ばれます。要件は、「法令の解釈に関する重要な事項を含むものと認められる事件」であることで、原判決が最高裁判例等と異なる判断をしている場合が、条文上例示されています。

　なお、上告審においても、附帯上告は可能で（313条、293条）、附帯上告受理申立ても可能です（318条5項、313条）。

イ　上告審の審理手続および裁判

　上告審は、原判決の法の解釈や適用に誤りがないかを審査するという法律審ですから、原則として事実認定はしません。基礎となる事実については、原判決において適法に確定した事実に拘束されることになります（321条1項）。

㋐　上告却下の決定

　①上告が不適法でその不備を補正することができないとき、②上告理由書を提出せず、または上告の理由の記載が規則で定める方式によっていないとき、のいずれかに該当する場合には、**上告裁判所**が、「**決定**」で、上告を「**却**

下」することができることになっています（民事訴訟法317条1項）。なお、上の①か②に「該当することが明らかであるときは」、原裁判所の段階で決定による上告却下をしておかなければならない、とされています（316条1項）。

　　㋑　口頭弁論を経ない上告棄却の判決

　319条は、「**上告裁判所は、上告状、上告理由書、答弁書その他の書類により、上告を理由がないと認めるときは、口頭弁論を経ないで、判決で、上告を棄却することができる。**」と規定しています（下図のAの場合）。必要的口頭弁論の原則（前述64頁）の例外（87条3項）として、口頭弁論を経ないで上告を「棄却」できるとされているという点に、注意が必要です。

<口頭弁論と上告棄却・原判決破棄　その1>

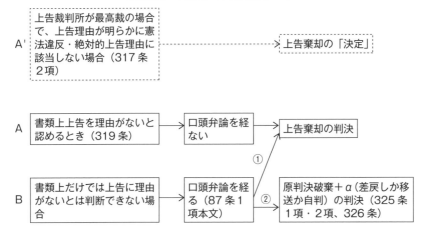

　さらに簡易に判断できる場合として、319条の特別規定としての317条2項があります。これは、上告裁判所が最高裁の場合、上告理由が明らかに憲法違反（312条1項）および絶対的上告理由（同条2項）に該当しない場合には、「決定」で上告を「棄却」できるとするものです（上図のA'の場合）。最高裁の負担軽減のための強力な手段の1つと言えます。

　　㋒　口頭弁論を経た上告棄却の判決、原判決破棄の判決

　書類上だけでは上告に理由がないとは判断できない場合は、原則どおり口頭弁論を経た上で、①上告に理由がないと認められれば、判決で上告を棄却しますし、②上告に理由があると認められれば、原判決を破棄（「取消し」と表現しません。）した上で、差戻し、移送、自判のいずれかをしなければなり

ません（325条1項、326条）（上図のBの場合）。

　このような制度になっていますので、最高裁が口頭弁論を開かないで判決をする場合（上図のAの場合）は、上告が棄却されて原判決が維持されることになりますし、口頭弁論を開くことになった場合（上図のBの場合）には、原判決が破棄される可能性が出てくることになるわけです（ただし、口頭弁論を開く意味がないようなごく例外的な場合に、口頭弁論を開かないで原判決を破棄することができる、とする判例もないわけではありません）。

　上告裁判所が最高裁の場合には、上告理由として主張された憲法違反や絶対的上告理由に当たる事由がないときでも、判決に影響を及ぼすことが明らかな法令違反があるときは、原判決を破棄した上、差戻し、移送、自判のいずれかをすることができる、ということになっています（325条2項、326条）。ここでは、上告理由と破棄理由とのずれが正面から認められていることになります。

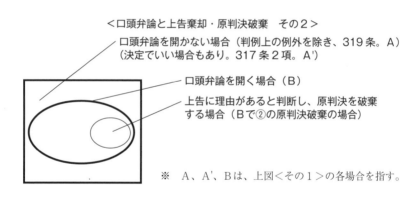

<口頭弁論と上告棄却・原判決破棄　その2>
　口頭弁論を開かない場合（判例上の例外を除き、319条。A）
　（決定でいい場合もあり。317条2項。A'）

　　口頭弁論を開く場合（B）
　　上告に理由があると判断し、原判決を破棄
　　する場合（Bで②の原判決破棄の場合）

※　A、A'、Bは、上図＜その1＞の各場合を指す。

　差戻しや移送を受けた裁判所は、新たな口頭弁論に基づき裁判をしなければなりません（325条3項前段）。裁判に当たっては、「**上告裁判所が破棄の理由とした事実上及び法律上の判断は、差戻し又は移送を受けた裁判所を拘束する**」（325条3項後段）とされています。これは、破棄判決の拘束力と呼ばれます。破棄判決の拘束力の趣旨は、もし差戻しや移送を受けた裁判所が破棄判決の判断に従わないで再度判決すると、さらに上告がされ、それが繰り返されると訴訟の終局的解決が図れないので、それを防止するためです。

　　ウ　特別上告
　高等裁判所が上告審の場合には、その終局判決に憲法違反があることを理由と

して、**最高裁にさらに上告することができます**（327 条）。これは、**特別上告**と呼ばれています。ただし、これには確定遮断の効力がありません（116 条 2 項。同条 1 項で 327 条 1 項の上告が規定されていません）。特別上告は、憲法 81 条が、「最高裁判所は、一切の法律、命令、規則又は処分が憲法に適合するかしないかを決定する権限を有する終審裁判所である。」と定める趣旨に添うものです。

(4) 抗　告
ア　意　義
　抗告は、決定や命令に対する上訴です（民事訴訟法 328 条以下）。

　決定や命令は、手続の派生的な問題についてされることが多いですが、すべての決定や命令が、その都度上級の裁判所による再審査が可能とされているわけではありません。不服申立てがそもそも認められていないものがあります（例えば、除斥や忌避を認める決定。25 条 4 項）。また、抗告という形ではなく、終局判決がされた場合にそれとともに上訴審の審査を受けるものもあります（例えば、訴えの変更を許さない決定。143 条 4 項）。283 条は、「**終局判決前の裁判は、控訴裁判所の判断を受ける。ただし、不服を申し立てることができない裁判及び抗告により不服を申し立てることができる裁判は、この限りでない。**」と規定しています。

　そして、本案との関係が薄いとか、当事者以外の者に対する派生的な決定・命令で、不服申立てが認められるものについては、抗告により独立に上訴審で審査されることになります。これには、(1)口頭弁論を経ないで訴訟手続の申立てを却下した決定・命令に対する抗告（328 条 1 項）、(2)違式の決定・命令に対する抗告（同条 2 項）、(3)抗告を許す特別規定がある場合の抗告（例えば、除斥や忌避を認めない決定。25 条 5 項）があります。

$$
決定・命令
\begin{cases}
\text{1} & 不服申立てができない場合 \quad（ex. 除斥や忌避を認める決定。25条4項） \\
\text{2} & 終局判決とともに上訴審の判断の対象となる場合 \\
& （ex. 訴えの変更を許さない決定。143条4項） \\
\text{3} & 独立の不服申立て \\
& が認められる場合
\end{cases}
$$

(3) 独立の不服申立てが認められる場合:
- (1) 口頭弁論を経ないで訴訟手続の申立てを却下した決定・命令に対する抗告 （328条1項）
- (2) 違式の決定・命令に対する抗告 （328条2項）
- (3) 抗告を許す特別規定がある場合の抗告 （ex. 除斥や忌避を認めない決定。25条5項）

　なお、(2)の**違式の裁判**というのは、**裁判形式を誤った裁判**のことで、328条2項は、「**決定又は命令により裁判をすることができない事項について決定又は命令がされたときは、これに対して抗告をすることができる。**」と規定しています。判決をすべきであるのに決定または命令をしたという場合、原裁判所でさえ間違えたのであって、不服申立てをしたい当事者に、内容に従って控訴によるのか、形式に従って抗告によるのかを判断させるのは不合理であるため、裁判形式に従って抗告をすればよい、としたものです。

イ　抗告の種類

　まず、後述（195頁）する特別抗告等は別にして、抗告の種類として、**最初の抗告**と**再抗告**とがあります（最初の抗告は、単に抗告とも呼ばれます）。これらは、判決の場合の控訴と上告に相当します。最高裁判所は原則として抗告事件を扱いませんから（裁判所法7条）、再抗告審は、高等裁判所ということになります（1審が簡易裁判所、最初の抗告審が地方裁判所である場合です）。

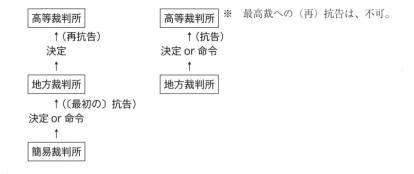

　抗告には、通常抗告と即時抗告という種類もあります。**即時抗告**は、①裁

判の告知を受けた日から1週間の不変期間内にしなければならず（民事訴訟法332条）、②**執行停止効**（決定・命令の効力を停止する効力）があります（334条1項）。

　これに対して、通常抗告の場合は、期間の制限がなく執行停止効もありません。

　　ウ　抗告の手続

　（最初の）抗告の手続については、性質に反しない限り控訴の規定が準用され、再抗告の手続については、上告の規定が準用されます（331条）。

　なお、333条は、「**原裁判をした裁判所又は裁判長は、抗告を理由があると認めるときは、その裁判を更正しなければならない。**」と規定しています。これは、**再度の考案**と呼ばれ、裁判の拘束力を緩和して簡易迅速に事件の処理を図るというもので、上級審の負担軽減にもなるものです。

　　エ　特別抗告

　336条1項は、「地方裁判所及び簡易裁判所の決定及び命令で不服を申し立てることができないもの並びに高等裁判所の決定及び命令に対しては、その裁判に**憲法の解釈の誤りがあることその他憲法の違反があることを理由とするときに、最高裁判所に特に抗告をすることができる。**」と規定しています。趣旨は特別上告（327条。前述192頁）と同様です。この**特別抗告**は、「裁判の告知を受けた日から五日の不変期間内にしなければならない」（336条2項）とされています。

　　オ　許可抗告

　許可抗告制度（337条）は、従来決定については最高裁が原則として判断を行わず、決定についての法令解釈が不統一になる不都合が生じていたため、それを統一しようとして導入されたものです。これは、**原裁判をした高等裁判所が抗告を許可した場合に、最高裁に抗告があったものとみなされる、と**したものです（同条1項・4項）。上告受理の申立ての制度とは違い、最高裁ではなく高裁が許可する点に注目すべきです。

　許可の要件は、原裁判が「法令の解釈に関する重要な事項を含むと認められる場合」であることであり、最高裁等の判例と相反する判断がある場合が例示されています（同条2項）。

　許可抗告を受けて、最高裁は、裁判に影響を及ぼすことが明らかな法令の違反があるときは、原裁判を破棄することができます（337条5項）。

2 再 審

(1) 意 義

338条1項本文は、「次に掲げる事由がある場合には、確定した終局判決に対し、再審の訴えをもって、不服を申し立てることができる。」と規定しています。**再審**は、**判決確定後の問題**であることになります。

再審制度は、既判力をもって判断がされた判決に、維持することが正当化できない重大な事由（再審事由）があった場合に、その判決を取り消して新たな判決をする、というものです。したがって、再審の手続は、①再審事由があるかないかの審判をし、②再審事由がある場合に前の訴訟についての審判をする、という複合的な性格を有します。

(2) 再審事由

ア 種 類

再審事由（338条1項各号。次の①から⑩はその号数を示します。）のうち、次のものは、絶対的上告理由（312条2項1号・2号・4号）ともなっているものです。

① 法律に従って判決裁判所を構成しなかったこと
② 法律により判決に関与することができない裁判官が判決に関与したこと
③ 法定代理権、訴訟代理権または代理人が訴訟行為をするのに必要な授権を欠いたこと

犯罪等が関係する一定の場合も、確定判決を維持すべきでないとされ、次のものも、再審事由になっています。

④ 判決に関与した裁判官が事件について職務に関する罪を犯したこと
⑤ 刑事上罰すべき他人の行為により、自白をするに至ったことまたは判決に影響を及ぼすべき攻撃もしくは防御の方法を提出することを妨げられたこと
⑥ 判決の証拠となった文書その他の物件が偽造または変造されたものであったこと
⑦ 証人、鑑定人、通訳人または宣誓した当事者もしくは法定代理人の虚偽の陳述が判決の証拠となったこと

その他の再審事由としては、次のようなものがあります。

⑧ 判決の基礎となった民事もしくは刑事の判決その他の裁判または行

政処分が後の裁判または行政処分により変更されたこと

⑨　判決に影響を及ぼすべき重要な事項について判断の遺脱があったこと

⑩　不服の申立てに係る判決が前に確定した判決と抵触すること

イ　再審の補充性

再審事由については、「**当事者が控訴若しくは上告によりその事由を主張したとき、又はこれを知りながら主張しなかったときは**」再審の訴えを提起することができない、とされています（338条1項ただし書）。これは、言い換えれば、ある再審事由を控訴や上告で主張せず、かつ主張できることを知らなかった場合に、初めてその事由を主張して再審の訴えを提起することができる、という意味で、**再審の補充性**と呼ばれています。

ウ　有罪判決の確定等の必要

338条1項4号から7号については、犯罪等が関係するため、罰すべき行為について、(i)**有罪の判決か過料の裁判が確定したとき**、または(ii)**証拠がないという理由以外の理由により有罪の確定判決か過料の確定裁判を得ることができないときに限り、再審の訴えを提起することができる**、とされています（338条2項）。再審の訴えの適法要件とされています。

4号から7号の再審事由には、
(i)か(ii)が必要
（再審の訴えの適法要件）

｜ (i)　有罪の判決か過料の裁判の確定

｜ (ii)　(i)の確定判決か確定裁判を得られないのであれば、それが証拠の不存在以外の理由によること

(3)　再審期間

再審の訴えは、判決確定後、**再審の事由を知った日から30日の不変期間内に提起しなければならず**（342条1項）、**判決確定日か再審事由発生日の遅い日から5年を経過すると、提起できなくなります**（2項）。ただし、これらは、3号事由のうちの代理権欠缺と10号事由を理由とする再審の訴えには適用されません（同条3項）。

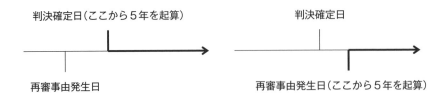

判決確定日(ここから5年を起算)　　　　　　　判決確定日

再審事由発生日　　　　　　　　　　　　　再審事由発生日(ここから5年を起算)

(4)　再審の審判

　再審の訴えについての裁判所の判断としては、(1)**訴え却下**（345条1項）、(2)**請求棄却**（同条2項）、(3)**再審開始**（346条）、の3つがあり、いずれも**裁判形式は「決定」**です。

　このうち、再審開始の決定がされ、それが確定した場合には、不服申立ての限度で、本案の審理と裁判がされます（348条1項）。本案の裁判には、(ⅰ)判決を正当として再審請求を棄却する場合（同条2項）と、(ⅱ)判決を取り消してさらに裁判をする場合（同条3項）とがあります。

```
                   ┌(1)訴え却下の決定
                   │
再審の訴え  →      │(2)請求棄却の決定                       ┌(ⅰ)再審請求棄却
                   │                                       │
                   └(3)再審開始の決定  →  本案の審判  →    │(ⅱ)判決を取り消し、
                                                           └   さらなる裁判
```

3　確認問題（正誤問題）

　まとめとして、確認問題（正誤問題）を掲げておきます。

1　控訴の提起は、控訴状を控訴裁判所に提出して行う。

2　控訴裁判所は、不服申立ての限度においてのみ、第1審判決の取消しや変更をすることができる。

3　最高裁判所に上告する場合、判決に影響を及ぼすことが明らかな法令の違反があることを理由とすることができる。

4　書類上上告を理由がないと認めるときは、口頭弁論を経ないで、上告棄却の判決をすることができる。

5　許可抗告は、最高裁判所が抗告を許可する制度である。
6　再審は、確定した終局判決が前提となる。

　1は、×です。第1審裁判所に提出します。286条1項。

　2は、○です。304条。

　3は、×です。高等裁判所への上告の場合にそうしたことを認める312条3項の反対解釈です。

　4は、○です。319条。

　5は、×です。高等裁判所が許可します。337条。

　6は、○です。338条1項。

1 手形訴訟、小切手訴訟

　手形訴訟、小切手訴訟は、手形および小切手について迅速な審判をするための特則としての訴訟です（350条以下）。小切手訴訟には、手形訴訟の規定が準用されています（367条2項）。

　要点としては、①反訴を提起することができないこと（351条）、②証拠調べが制限され、職権調査事項についてを除き、(i)書証と(ii)文書の成立の真否等についての当事者本人の尋問のみが認められること（352条）、③通常の訴訟手続への移行が可能であること（353条）、④終局判決に対しては、原則として、控訴が禁止され異議申立てができること（356条、357条）、が挙げられます。

2 少額訴訟

(1) 意 義

　少額訴訟（368条以下）は、一般市民が訴額に見合った経済的負担で、迅速かつ効果的な解決を裁判所に求めることができるように、と設けられたものです。簡易裁判所の訴訟手続の特則として規定が設けられています。

(2) 利用要件

　利用は、**訴額が60万円以下の金銭支払請求に限られ**、同一の簡易裁判所において同一の年に最高裁判所規則で定める回数を超える利用は禁止されます（368条1項）。民事訴訟規則で定める回数は10回で（規則223条）、業者のための制度とならないための歯止めを置いたわけです。

(3) 通常の訴訟手続との関係

　原告は、少額の場合でも、通常の訴訟手続を利用することはできます。また、少額訴訟の開始の際、被告の方が通常の手続に移行させる申述をすることもできますし（民事訴訟法373条1項・2項）、裁判所も、少額訴訟によるのが相当でない場合など一定の場合には、通常の手続による旨の決定をしな

ければならない（同条3項）、とされています。

(4) 審判手続

審判手続についての要点は、以下のとおりです。

① 反訴を提起することができない（369条）。

② 原則として、1回の口頭弁論期日のみで審理を完了する（370条）。

③ 証拠調べは、即時に取り調べることができるものに限られる（371 条）。手形訴訟等のように、原則として書証に限られるというわけではない。

④ 判決言渡しは、原則として、口頭弁論終結後直ちに行い、判決原本に基づかないですることができる（374条）。

⑤ 請求を認容する場合には、3年を超えない範囲で、分割払等の判決をすることができる（375条）。

⑥ 終局判決に対して、控訴は許されず（377条）、異議を申し立てることができるにとどまる（378条）。

3 督促手続

382条本文は、「金銭その他の代替物又は有価証券の一定の数量の給付を目的とする請求については、裁判所書記官は、債権者の申立てにより、支払督促を発することができる。」と規定しています。この手続は、**督促手続**と呼ばれ、債務者（相手方）が争わないことが見込まれる場合に、**簡易に債務名義を作成するための手続**です。

要点は、次のとおりです。

① 支払督促は、債務者を審尋しないで発せられる（386条1項）。

② 督促異議がなく2週間経つと、仮執行宣言を付けて強制執行が可能となる（391条1項・2項、民事執行法22条4号）。

③ 債務者の督促異議（民事訴訟法386条2項）により判決手続に移行する（395条）。

④ 仮執行宣言が付いてから2週間以内に債務者の督促異議がないと（393条）、支払督促は、確定判決と同一の効力を有するに至る（396条。ただし、裁判官が判断する裁判ではないため、執行力だけで既判力はない）。

⑤ 電子情報処理組織つまりコンピューターのネットワークを利用することができる（397条以下）。

●事項索引

著者紹介

和田吉弘 (わだ・よしひろ)

東京大学法学部卒業
東京大学大学院法学政治学研究科修士課程(民事訴訟法専攻)修了
(同課程在学中に司法試験合格)
東京大学大学院法学政治学研究科博士課程(民事訴訟法専攻)単位
取得退学
司法修習生、明治学院大学法学部助教授、東京地方裁判所判事、
青山学院大学大学院法務研究科(法科大学院)教授等を経た後、現
在、立命館大学大学院法務研究科(法科大学院)教授で弁護士
〔著書〕
『新版 論文本試験過去問 民事訴訟法』(辰已法律研究所・2005年)
『緊急提言 法曹養成制度の問題点と解決策──私の意見』(花伝
社・2013年)
『民事訴訟法から考える要件事実〔第2版〕』(商事法務・2013年)
『司法試験論文過去問 LIVE 解説講義本 和田吉弘民訴法』(辰已法
律研究所・2014年)
『基礎からわかる民事執行法・民事保全法〔第3版〕』(弘文堂・
2021年)
『基礎からわかる民事訴訟法〔第2版〕』(商事法務・2022年)

コンパクト版　基礎からわかる民事訴訟法〔第2版〕

2015年10月10日　初　版第1刷発行
2023年3月31日　第2版第1刷発行

著　　者　　和　田　吉　弘

発行者　　石　川　雅　規

発行所　　㍿商　事　法　務

〒103-0027 東京都中央区日本橋 3-6-2
TEL 03-6262-6756・FAX 03-6262-6804〔営業〕
TEL 03-6262-6769〔編集〕
https://www.shojihomu.co.jp/